平成26年
会社法改正

会社実務における影響と判例の読み方

CORPORATE LAW REVISIONS IN 2014

岩原紳作・神田秀樹・野村修也 編

有斐閣

本書のコピー，スキャン，デジタル化等の無断複製は著作権法上での例外を除き禁じられています。本書を代行業者等の第三者に依頼してスキャンやデジタル化することは，たとえ個人や家庭内での利用でも著作権法違反です。

はしがき

　本書は，平成26年会社法改正の意義，内容，実務への影響，そして会社法に関する判例の問題等につき，同改正に関する法制審議会会社法制部会の委員・幹事等であった研究者や法務省の立案担当者と，会社法実務の第一人者である弁護士や元裁判官が，解説し検討を行った本である。本書は第1部と第2部に分かれている。

　第1部は，ジュリスト1472号に掲載された，同法改正の検討を行った法制審議会会社法制部会の委員または幹事であった学者による諸論文，すなわち，岩原紳作「平成26年会社法改正の意義」，前田雅弘「企業統治」，野村修也「資金調達に関する改正」，藤田友敬「親会社株主の保護」，田中亘「キャッシュ・アウト」，中東正文「組織再編等」，および，会社法実務を代表する弁護士による2論文，すなわち，中村直人「会社法改正と実務の課題——チェック・リスト」，武井一浩「平成26年度ガバナンス改革への対応——会社法改正と実務の課題」をベースとして，同法改正後の会社法施行規則や会社計算規則の改正，そして日本版スチュワードシップ・コードや日本版コーポレートガバナンス・コードの策定や，後者を受けた証券取引所規則の改正等を織り込んで，加筆，修正したものである。さらに第1部には，坂本三郎法務省民事局商事課長（前法務省大臣官房参事官）ほか，これら法務省令改正の立案担当者による「会社法施行規則および会社計算規則の改正の概要」の書き下ろし解説が付け加えられている。

　第2部は，有斐閣の「実務に効く　判例精選」シリーズ創刊記念として行われた有斐閣セミナー「必聴！　会社実務における判例の読み方と会社法改正の影響」の記録に加筆・修正を加えたものである。すなわち，武井一浩「『実務に効く　M&A・組織再編判例精選』について」において，同シリーズ創刊の趣旨や意義，会社判例の特徴や分類，特にM&Aのテーマごとの

i

ポイントの解説等がなされ，野村修也「コーポレート・ガバナンス実務で重要な論点と判例」の講演，そして野村修也司会，元裁判官であった鬼頭季郎弁護士および門口正人弁護士と，武井一浩弁護士，神田秀樹による「会社実務における判例の読み方と平成 26 年会社法改正の影響」に関するパネルディスカッションが収められている。

以上のような内容の本書は，平成 26 年会社法改正や法務省令改正に携わった法務省担当者や法制審議会会社法制部会の学者委員・幹事，そしてわが国の会社法務を代表する弁護士や元裁判官により，平成 26 年会社法改正とそれが影響を及ぼす会社法実務や判例，とりわけ M&A や組織再編に係る判例に関する分析を行ったものであり，同法改正に関する最も信頼できる優れた解説であるとともに，同法改正の会社法務への影響や会社法判例の見方やあり方に関する分析を示す最高の書籍となっていると自負している。特に，最近の著名な会社法裁判例を担当した元裁判官による会社法に関する裁判のあり方や問題等に関する指摘は，極めて貴重なものであると考える。本書が広く読まれて，平成 26 年会社法改正に関する正しい理解が広まること，そして会社法の裁判に関する多くの人々の理解を深めることを，祈ってやまない。

本書は，三宅亜紗美氏を始め，有斐閣雑誌編集部ジュリスト編集室の皆さんの大変なお力により刊行することができた。深く謝意を申し上げたい。

平成 27 年 4 月 1 日

岩原紳作，神田秀樹，野村修也

平成26年会社法改正
CORPORATE LAW REVISIONS IN 2014

目次　CONTENTS

第1部　平成26年会社法改正 …… 001

- NUMBER ❶　平成26年会社法改正の意義 …… 003
- NUMBER ❷　会社法施行規則および会社計算規則の改正の概要 …… 015
- NUMBER ❸　企業統治 …… 027
- NUMBER ❹　資金調達に関する改正 …… 040
- NUMBER ❺　親会社株主の保護 …… 057
- NUMBER ❻　キャッシュ・アウト …… 073
- NUMBER ❼　組織再編等 …… 089
- NUMBER ❽　会社法改正と実務の課題──チェック・リスト …… 101
- NUMBER ❾　コーポレート・ガバナンスの諸施策への対応
  ──会社法改正と実務の課題 …… 115

第2部　会社実務における判例の読み方と平成26年会社法改正の影響 …… 133

第1章　会社実務における重要な論点と判例 …… 135

- NUMBER ❶　『実務に効くM&A・組織再編判例精選』について …… 137
- NUMBER ❷　コーポレート・ガバナンス実務で重要な論点と判例 …… 149

第2章　会社実務における判例の読み方と平成26年会社法改正の影響 …… 175

条文索引 …… 206
判例索引 …… 215

細目次 CONTENTS

第1部　平成26年会社法改正 ………………………………… 001

NUMBER ❶　平成26年会社法改正の意義 ……………………… 003
Ⅰ．序 …………………………………………………………… 003
Ⅱ．改正の経緯 ………………………………………………… 003
Ⅲ．改正の主な内容 …………………………………………… 006
Ⅳ．改正の意義 ………………………………………………… 008
　1．コーポレート・ガバナンス ……………………………… 008
　2．企業結合 ………………………………………………… 013
Ⅴ．結び ………………………………………………………… 014

NUMBER ❷　会社法施行規則および会社計算規則の改正の概要 ……… 015
Ⅰ．はじめに …………………………………………………… 015
Ⅱ．施行規則の改正の概要 …………………………………… 016
　1．定義規定等の整備 ……………………………………… 016
　2．出資の履行の仮装に関する規定の整備 ……………… 016
　3．全部取得条項付種類株式の取得および
　　 株式の併合に関する規定の整備 ………………………… 016
　4．特別支配株主の株式等売渡請求に関する規定の整備 ……… 017
　5．支配株主の異動を伴う募集株式の発行等に関する規定の整備 … 018
　6．株主総会参考書類の記載に関する規定の整備 ………… 018
　7．内部統制システムの整備に関する規定の整備 ………… 019
　8．監査等委員会設置会社等に関する規定の整備 ………… 019
　9．事業報告およびその附属明細書の内容に関する規定の整備 …… 020

平成26年会社法改正
CORPORATE LAW REVISIONS IN 2014

	PAGE
10．ウェブ開示によるみなし提供事項の拡大	021
11．組織再編における事前開示事項および事後開示事項の整備	022
12．多重代表訴訟等に関する規定の整備	022
13．その他の改正	022

Ⅲ．計算規則の改正の概要 ……………………………………… 023
　1．出資の履行の仮装に係る義務が履行された場合に関する
　　　規定の整備 ………………………………………………… 023
　2．監査等委員会設置会社に関する規定の整備 ……………… 023
　3．ウェブ開示によるみなし提供事項の拡大 ………………… 023
　4．株式買取請求に応じて株式を取得した場合に
　　　責任を負うべき者に関する規定の整備 …………………… 024
　5．企業結合に関する会計基準等の改正に伴う規定の整備 … 024
　6．その他の改正 ……………………………………………… 024
Ⅳ．経過措置の概要 ……………………………………………… 025
　1．施行規則関係 ……………………………………………… 025
　2．計算規則関係 ……………………………………………… 026

NUMBER ❸　企業統治 …………………………………………… 027
Ⅰ．はじめに ……………………………………………………… 027
Ⅱ．社外取締役の設置に関する開示等 ………………………… 027
　1．設置義務づけの見送りと開示規制の導入 ………………… 027
　2．社外取締役設置に関する説明義務 ………………………… 028
　3．社外取締役設置に関する動向 …………………………… 031
Ⅲ．社外取締役・社外監査役の要件等 ………………………… 032

v

	PAGE
1．社外性要件の加重	032
2．社外性要件の緩和	034
3．責任限定契約を締結できる者の範囲の拡大	034
Ⅳ．監査等委員会設置会社制度	035
1．名称	035
2．制度の概要および争点になった事項	036
Ⅴ．会計監査人の選解任等に関する議案の内容の決定	038
Ⅵ．おわりに	039

NUMBER ❹　資金調達に関する改正　040

Ⅰ．はじめに	040
Ⅱ．支配権の異動を伴う募集株式・募集新株予約権の発行	040
1．改正の背景	040
2．従来の立法論	042
3．制度設計上の争点	043
4．改正内容	045
5．解釈上の問題点	047
Ⅲ．仮装払込みによる募集株式の発行等	048
1．改正の背景	048
2．改正内容	049
3．解釈上の問題点	051
Ⅳ．新株予約権無償割当てに関する割当通知	052
1．改正の背景	052
2．改正内容	055

平成26年会社法改正
CORPORATE LAW REVISIONS IN 2014

NUMBER ❺ 親会社株主の保護 057
Ⅰ．はじめに 057
Ⅱ．多重代表訴訟 058
　１．総説 058
　２．完全親子会社関係・総資産要件・少数株主権 059
　３．親会社株主の対抗要件 060
　４．最終完全親会社の損害 061
　５．完全親会社の損害と完全子会社役員の損害賠償額 063
　６．多重代表訴訟の手続等 064
Ⅲ．株式会社が株式交換等をした場合における株主代表訴訟 065
Ⅳ．子会社を含む企業集団における内部統制 066
Ⅴ．親会社による子会社株式等の譲渡 069
　１．改正の意義 069
　２．若干の具体例 069
　３．改正法の理論的な影響 071
Ⅵ．むすび 072

NUMBER ❻ キャッシュ・アウト 073
Ⅰ．はじめに 073
Ⅱ．特別支配株主の株式等売渡請求 074
　１．制度の概要および制度創設に至る経緯 074
　２．株式等売渡請求の手続 076
　３．反対株主等の保護 080
　４．売渡株式等の全部の取得の無効の訴え 082

	PAGE
Ⅲ．株式の併合	084
1．株主の利益保護のための規制	084
2．経過措置	086
Ⅳ．全部取得条項付種類株式の取得	086
1．株主の利益保護のための規制	086
2．取得価格決定の申立期間の変更	087
3．経過措置	087
Ⅴ．株主総会等の決議取消しの訴えの原告適格に関する改正	087
Ⅵ．おわりに――今後の展望	088

NUMBER ❼　組織再編等 …… 089

Ⅰ．会社法改正の意義	089
Ⅱ．改正法の基本的な姿勢	089
Ⅲ．組織再編等の差止請求	091
1．法改正の骨子	091
2．中間試案の公表後	091
3．組織再編の対価の不当性	092
4．法令違反の差止事由	093
Ⅳ．組織再編行為の無効事由	095
Ⅴ．株式買取請求権	096
1．買取口座の創設	096
2．株式買取りの効力発生日	097
3．価格決定前の支払制度	098
4．簡易・略式の組織再編等	098

	PAGE
Ⅵ．結語	099

NUMBER ❽ 会社法改正と実務の課題──チェック・リスト …………… 101
Ⅰ．はじめに …………………………………………………………………… 101
Ⅱ．監査等委員会設置会社関係 …………………………………………… 101
Ⅲ．「社外取締役を置くことが相当でない理由」 ………………………… 103
Ⅳ．社外役員の要件の変更 ………………………………………………… 104
Ⅴ．役員の責任免除制度の緩和 …………………………………………… 105
Ⅵ．監査役の監査体制 ……………………………………………………… 106
Ⅶ．内部統制運用状況の事業報告への記載 ……………………………… 107
Ⅷ．会計監査人の選任・解任 ……………………………………………… 107
Ⅸ．支配株主の異動を伴う募集株式の発行等 …………………………… 109
Ⅹ．新株予約権無償割当て ………………………………………………… 109
Ⅺ．多重代表訴訟 …………………………………………………………… 109
Ⅻ．企業グループの内部統制の決議 ……………………………………… 110
ⅩⅢ．株式交換等と株主代表訴訟 …………………………………………… 111
ⅩⅣ．子会社株式の譲渡 ……………………………………………………… 111
ⅩⅤ．親会社等との利益相反取引
　　（親会社等との利益相反取引がある会社とその親会社） …………… 112
ⅩⅥ．監査役の監査範囲の登記
　　（監査役の監査範囲を会計に限定している会社） ………………… 113
ⅩⅦ．その他 …………………………………………………………………… 113

		PAGE
NUMBER **9**	コーポレート・ガバナンスの諸施策への対応 ——会社法改正と実務の課題	115

Ⅰ．経済成長戦略として組み込まれたコーポレートガバナンス ………… 115
  1．日本経済の成長戦略として期待が高いガバナンスの施策 ……… 115
  2．中長期的な企業価値向上のための
    機関投資家等の株主と上場会社の対話の促進 ………………… 116
  3．GPIF 改革および JPX 日経 400 ………………………………… 117
  4．コーポレートガバナンス・コードによる
    「攻めのガバナンス」の実践 …………………………………… 118
  5．欧米で活発化しているショートターミズムへの対処 ………… 119
  6．ガバナンス・コードへの対応を経たガバナンスの実質的説明 … 119

Ⅱ．ガバナンスの施策と会社法改正 …………………………………………… 120
  1．ガバナンス・ポリシー策定の必要性 …………………………… 120
  2．平成 26 年会社法改正とガバナンス・コードを踏まえた
    監督機能強化 ……………………………………………………… 120
  3．監査等委員会設置会社の選択肢の解禁 ………………………… 122
  4．監査等委員会設置会社は日本流ガバナンスの良さを
    取り込んだモデルであること …………………………………… 124
  5．会社の健全性維持において監督機関が果たす役割・プロセス … 126
  6．持株会社化による「監督と執行の分離」と企業集団内部統制 … 126

Ⅲ．日本企業の「稼ぐ力」を支える環境整備として
    今後さらに求められる事項 ………………………………………… 128
  1．欧米並みの役員就任環境の整備 ………………………………… 128
  2．役員報酬の構造改革 ……………………………………………… 129

平成26年会社法改正
CORPORATE LAW REVISIONS IN 2014

　　　　　　　　　　　　　　　　　　　　　　　　　　　　　　　　PAGE
　　3．監督機関への利益相反処理の法的権限の付与 ………………… 130
　Ⅳ．日本の国際競争力の強化に向けたオールジャパンでの取組み ……… 131

第2部　会社実務における判例の読み方と平成26年会社法改正の影響 …………… 133

第1章　会社実務における重要な論点と判例 ………………………… 135

NUMBER ❶　『実務に効く M&A・組織再編判例精選』について ……… 137
　Ⅰ．『判例精選』創刊の趣旨・こころ ………………………………… 137
　Ⅱ．総論 …………………………………………………………………… 138
　　1．「実務に効く」の意味 ……………………………………………… 138
　　2．会社法判例の特徴 ………………………………………………… 139
　　3．個別事例判断と抽出すべき規範・準則の射程 ………………… 139
　　4．公開会社関連の裁判例と非公開会社関連の裁判例との違い？ … 139
　　5．M&A分野において裁判例を知っておくことの重要性 ………… 140
　　6．差止判断（緊急判断）と損害賠償請求等の事後的判断 ……… 141
　　7．裁判所が判断する領域 …………………………………………… 142
　　8．地裁の裁判例，高裁の裁判例，最高裁の裁判例の各特徴 …… 142
　Ⅲ．M&Aテーマごとの「実務に効く」ポイントの検討・解説 ………… 143
　　1．M&A契約の解釈 …………………………………………………… 143
　　2．M&Aの実施判断 …………………………………………………… 144
　　3．M&Aの事前差止め，事後的効力否定等 ………………………… 145
　　4．M&A契約外での損害賠償請求等 ………………………………… 145

	PAGE
5．株式買取請求権・価格決定申立て	145
6．その他	146
資料　基調講演レジュメ	147

NUMBER ❷ コーポレート・ガバナンス実務で重要な論点と判例　149

Ⅰ．はじめに ……… 149
Ⅱ．コーポレート・ガバナンス実務の論点 ……… 149
Ⅲ．株主総会の招集と運営 ……… 151
　1．取締役の説明義務 ……… 151
　2．会社法の改正 ……… 152
　3．東証の「独立役員」制度と独立取締役設置の努力義務 ……… 154
Ⅲ．取締役の責任 ……… 155
　1．取締役の責任──3層構造 ……… 155
　2．内部統制システム構築義務 ……… 155
　3．経営判断の原則 ……… 157
　4．会社法の改正と内部統制の充実 ……… 160
　5．株主代表訴訟を提起できる範囲 ……… 161
Ⅳ．親子会社 ……… 162
Ⅴ．おわりに ……… 163
資料　基調講演レジュメ ……… 165

平成26年会社法改正
CORPORATE LAW REVISIONS IN 2014

	PAGE
第2章　会社実務における判例の読み方と平成26年会社法改正の影響 …	175

Ⅰ．商事判例の読み方——裁判官の視点 177
　▶　鬼頭先生——自己紹介 177
　▶　裁判官の立場からのアプローチ 177
　▶　民事訴訟の目的・機能に関する考え方と判例の読み方 178
　▶　門口先生——自己紹介 181
　▶　判例の作られ方 182
　▶　裁判にあたっての制約 183
　▶　神田先生——コメント 186
Ⅱ．親会社取締役の子会社管理責任 191
　▶　問題状況 192
　▶　解釈・判断の方向性 193
Ⅲ．公開会社，非公開会社の別による判例の読み方 200

条文索引 206
判例索引 215

凡例

裁判例の表示

本文（地の文）

例／最高裁昭和 58 年 10 月 7 日大法廷判決（民集 37 巻 8 号 1282 頁）

本文の括弧内・脚注

例／最大判昭 58・10・7 民集 37 巻 8 号 1282 頁

＊法廷名は最高裁大法廷についてのみ表示する。引用頁の表示は，その判例集の通し頁とする。

判決文・条文の引用

判決文・条文を「　」で引用してある場合は，原則として原典どおりの表記とするが，以下の点を変更している。また，解説文中では「　」を用いて判決文・条文の趣旨を書いているものもある。なお「　」内の〔　〕表記は執筆者による注であることを表す。

● 漢数字は，成句や固有名詞などに使われているものを除き算用数字に改める。
● 漢字の旧字体は新字体に改める。
● 促音や拗音を表すひらがなは原文にかかわらず小書きとする。
● カタカナ表記で濁点・句読点の用いられていない判決文・条文について，執筆者によってひらがな表記に改められたものや濁点・句読点が補われているものがある。

法令名等の略語

会社法は条文番号のみを掲げる。その他の法令名等の略語は，原則として小社刊『六法全書』巻末掲載の「法令名略語」による。

条文番号は，特に断りのない限り，会社法については平成 26 年法律第 90 号による改正後，会社法施行規則・会社計算規則については平成 27 年法務省令第 6 号による改正後の規定をいう。

部会	……………………	法制審議会会社法制部会
要綱	……………………	「会社法制の見直しに関する要綱」（平成24年9月）
中間試案	………………	「会社法制の見直しに関する中間試案」（平成23年12月）
中間試案補足説明	…	「会社法制の見直しに関する中間試案の補足説明」（平成23年12月）

判例集・法律雑誌・判例評釈書誌等の略語

民集	……………………	大審院，最高裁判所民事判例集
判時	……………………	判例時報
判タ	……………………	判例タイムズ
ジュリ	…………………	（月刊）ジュリスト
法教	……………………	法学教室
曹時	……………………	法曹時報
法時	……………………	法律時報
論叢	……………………	法学論叢
民商	……………………	民商法雑誌
金判	……………………	金融・商事判例
法セ	……………………	法学セミナー
○○百選	………………	○○判例百選

執筆者・講演者一覧（掲載順）

氏名	所属	掲載箇所
岩原紳作 Iwahara Shinsaku	早稲田大学大学院法務研究科教授	第1部 NUMBER ❶
坂本三郎 Sakamoto Saburo	法務省民事局商事課長（前法務省大臣官房参事官）	第1部 NUMBER ❷
堀越健二 Horikoshi Kenji	法務省民事局付	第1部 NUMBER ❷
辰巳　郁 Tatsumi Kaoru	法務省民事局付	第1部 NUMBER ❷
渡辺邦広 Watanabe Kunihiro	法務省民事局付	第1部 NUMBER ❷
前田雅弘 Maeda Masahiro	京都大学大学院法学研究科教授	第1部 NUMBER ❸
野村修也 Nomura Shuya	中央大学法科大学院教授・弁護士（森・濱田松本法律事務所）	第1部 NUMBER ❹／第2部／第1章 NUMBER ❷／第2部／第2章
藤田友敬 Fujita Tomotaka	東京大学大学院法学政治学研究科教授	第1部 NUMBER ❺
田中　亘 Tanaka Wataru	東京大学社会科学研究所教授	第1部 NUMBER ❻
中東正文 Nakahigashi Masafumi	名古屋大学大学院法学研究科教授	第1部 NUMBER ❼
中村直人 Nakamura Naoto	弁護士（中村角田松本法律事務所）	第1部 NUMBER ❽
武井一浩 Takei Kazuhiro	弁護士（西村あさひ法律事務所）	第1部 NUMBER ❾／第2部／第1章 NUMBER ❶／第2部／第2章
神田秀樹 Kanda Hideki	東京大学大学院法学政治学研究科教授	第2部／第2章
鬼頭季郎 Kito Sueo	弁護士（西村あさひ法律事務所）	第2部／第2章
門口正人 Monguchi Masahito	弁護士（アンダーソン・毛利・友常法律事務所）	第2部／第2章

平成26年会社法改正

CORPORATE LAW REVISIONS IN 2014

第1部

平成26年会社法改正

第1部には，ジュリスト1472号特集「会社法の改正」およびNUMBER❷（書き下ろし）を収める。収載にあたり，同号刊行後のアップデートのほか，用字用語の統一等必要最小限の補正を行った。

NUMBER 1

平成26年会社法改正の意義

I. 序

　平成26年6月20日にようやく会社法改正法が国会において可決，成立した。改正法の元になった法制審議会の要綱が平成24年9月7日に決定されてから2年近い月日がかかっている[1]。法制審議会に会社法制の見直しの諮問がなされた平成22年2月24日からは4年以上が経っていた[2]。このことに示されているように会社法改正は難産であったが，それだけの意義のある改正であると考えられる。

II. 改正の経緯

　既に詳しく論じたことがあるが[3]，今回の会社法改正の背景としては，リーマン危機以降により明確になった日本経済や日本企業の競争力の低下の原因の1

---

[1] このように国会提出や国会の審議が長引いた経緯については，坂本三郎ほか「平成26年改正会社法の解説(1)」商事法務2040号（2014年）28頁・29頁〜30頁，岩原紳作ほか「〔座談会〕改正会社法の意義と今後の課題(上)」商事法務2040号（2014年）7頁［岩原紳作発言］参照。
[2] 平成22年法務大臣諮問第91号。法制審議会における審議の状況につき，部会の各回会議議事録，および，中東正文「会社法改正の力学」井田良＝松原芳博編『立法学のフロンティア(3)』（ナカニシヤ出版，2014年）236頁〜237頁参照。
[3] 岩原紳作「総論——会社法制見直しの経緯と意義」ジュリ1439号（2012年）12頁。

つとして，日本企業のコーポレート・ガバナンスが他の国に比較して劣っていることがあるのではないか，それが日本企業のROA（総資本利益率）やROE（自己資本利益率）が欧米企業よりはるかに低いというパフォーマンスの悪さをもたらしているのではないか，という懸念があった。すなわち，企業同士の株式持合いがなお残り，社外取締役も少なくほとんどが社内の従業員出身の取締役で占められている日本企業では，業績と無関係に経営トップが決まり，役員報酬制度も業績に連動していないことが多いこと等から，株主の発言力が弱くて，経営に対する株主による監視が有効に機能せず，株主利益を軽視した経営が行われているという批判が，機関投資家等から寄せられていた[4]。高い収益をあげるインセンティブが経営者に欠けているというのである。経営者による株主利益の軽視の表れとしては，委員会設置会社に移行したり社外取締役を積極的に任用したりする会社が少ないこと，買収防衛策を採る会社が多く，MBOによって上場を取りやめる会社も多いこと，カネボウ，ライブドア，オリンパス等，大型粉飾決算をする会社の摘発が相次いだこと，極めて不透明な大規模第三者割当増資やMSCB（Moving Strike Convertible Bond）の発行等，既存の株主等の利益を軽視する不公正ファイナンスを行う会社が多く現れたこと，等も挙げられた[5]。

　また，企業結合に関する法制の整備が必要ではないかということも，強く意識されていた。親会社が子会社を搾取したりして，子会社の株主や債権者の利益を損なうことがありうることは，以前から問題とされてきたが[6]，今回の改正においては，平成9年独占禁止法改正による持株会社の解禁，平成11年商法改正による株式交換・株式移転制度の創設の結果，金融機関を中心に持株会社形態が急速に広まった中で，持株会社でありながら業務そして実際の経営の中心は子会社

---

[4] 部会第2回会議（平成22年5月26日）議事録3頁以下（企業年金連合会の濱口大輔委員発言），岩原・前掲注3)14頁参照。日本における企業支配の実態につき，江頭憲治郎『会社法の基本問題』(有斐閣, 2011年) 53頁以下および同引用文献参照。ただし，江頭憲治郎「会社法改正によって日本の会社は変わらない」法時86巻11号（2014年）59頁以下参照。
[5] 岩原・前掲注3)14頁〜17頁。
[6] 江頭憲治郎『結合企業法の立法と解釈』(有斐閣, 1995年) 6頁以下，伊藤靖史「子会社の少数株主の保護」森本滋編著『企業結合法の総合的研究』(商事法務, 2009年) 57頁以下等。

にあるという会社が多く，そのような子会社の経営に対する持株会社やその株主による監督があまり効いていない例が多いのではないか，ということが大きく問題とされた[7]。わが国においては，子会社の起こした不祥事が親会社や他のグループ企業に甚大な打撃を与えるケースや[8]，子会社を利用した不正行為が行われるケースが少なくないのである[9]。

　このような問題意識を踏まえて，前述の法務大臣による法制審議会への会社法制の見直しの諮問は，「会社法制について，会社が社会的，経済的に重要な役割を果たしていることに照らして会社を取り巻く幅広い利害関係者からの一層の信頼を確保する観点から，企業統治の在り方や親子会社に関する規律等を見直す必要があると思われるので，その要綱を示されたい。」としていたのである。なお，この諮問が民主党政権の下において行われ[10]，諮問に表れる「会社を取り巻く幅広い利害関係者」が従業員等を含んでいると見られて，中間試案においては従業員の代表を監査役に選任することとする案も検討されていたこと等から[11]，そのような政治の影響を会社法改正に見出す見方もある[12]。しかし少なくとも部会による要綱の取りまとめの段階に入ってからは，そのような影響を受けずに審議は進められた。

[7) 親会社取締役の子会社の経営に介入する義務を論じるものとして，舩津浩司『「グループ経営」の義務と責任』（商事法務，2010年）7頁以下参照。
8) 東芝機械，雪印食品等の事件がその例である（奥島孝康「東西冷戦のトバッチリ＝東芝機械対ソ連ココム違反事件——親子会社」法セ453号〔1992年〕89頁，西井寿里「三つの雪印グループ事件と内部統制システム」法学新報115巻5＝6号〔2008年〕250頁以下等参照）。
9) 大王製紙の事件がその例である（日本経済新聞平成23年9月17日付朝刊35面）。
10) 民主党公開会社法プロジェクトチーム「公開会社法（仮称）制定に向けて」（2009年7月）参照。
11) 中間試案第1部第2の2（注）。この提案は要綱や改正法案には盛り込まれなかった（岩原紳作「『会社法制の見直しに関する要綱案』の解説(1)」商事法務1975号〔2012年〕16頁参照）。
12) 江頭・前掲注4)法時86巻11号59頁参照。なお，中東正文＝松井秀征編著『会社法の選択——新しい社会の会社法を求めて』（商事法務，2010年）243頁［山田泰弘］参照。

Ⅲ. 改正の主な内容

Ⅱに述べたような経緯から、会社法改正の主たる内容としては、以下のようなものがある。第1に、株式会社のコーポレート・ガバナンスを強化するために社外取締役の独立性を高めその任用を促進することを目的に、社外取締役や社外監査役の社外性の要件を強化する一方、金融商品取引法24条1項により有価証券報告書提出義務のある株式会社において社外取締役が存しない場合には、定時株主総会で社外取締役を置くことが相当でない理由を説明しなければならないこととした（327条の2）[13]。第2に、同様の理由により、監査等委員会制度を設けて、定款に定めれば、監査役に代えて社外取締役が過半数を占める監査等委員会が監査にあたるとともに（326条2項・328条1項・331条6項・399条の2第3項1号等）、監査等委員会に監査等委員である取締役の選任議案への同意権、および選任の議題または議案の提案権を認め（344条の2第1項・2項）、監査等委員である各取締役は、監査等委員である取締役の選任・解任・辞任・報酬等につき株主総会で意見を述べることができるとされているだけでなく（342条の2第1項・361条5項）、監査等委員会は監査等委員以外の取締役の選任・解任・辞任・報酬等についても株主総会で意見を言えることとした（342条の2第4項・361条6項）。第3に、会社の基礎的変更に準じる行為に対する株主の発言権を強化するために、募集株式の引受人が総株主の議決権の過半数を有することになるような募集株式の割当てを公開会社が行う場合に（親会社等への割当

---

[13] このほか、要綱第1部第1の2（前注）に基づき、平成27年改正後会社法施行規則によれば、そのような株式会社は、「社外取締役を置くことが相当でない理由」を、事業報告書に記載するとともに、社外取締役候補者を含まない取締役選任議案を株主総会に提出する場合の参考書類にも記載することが要求されており、その記載につき、「その時点における事情に応じて記載しなければならない。」とされ、「この場合において、社外監査役が二人以上あることのみをもって当該理由とすることはできない。」と規定されている（会社則124条2項・3項、同74条の2第1項・3項〔商事法務2058号（2015年）64頁・38頁〕）。なお、中間試案第1部第1の3(1)A案（注2）にあった「株式会社の重要な取引先の関係者」は社外性を充たさないとする案は、「重要」性につき一義的な基準を明確にすることは困難である等の理由により、要綱や法案には盛り込まれなかった（岩原・前掲注11)14頁）。

てや株主割当てを除く），原則として株主に対し当該引受人の氏名等を通知または公告し，総株主の議決権の10分の1以上の議決権を有する株主が反対の通知を会社に行った場合は，株主総会の普通決議による承認が必要になることとした（206条の2）。第4に，同様の趣旨から，親会社による子会社の株式または持分の全部または一部の譲渡が，親会社の総資産額の5分の1を超える場合で，子会社議決権の過半数の保有を失い，子会社支配権を失うことになる場合は，重要な事業譲渡に準じるものとして，株主総会特別決議による承認を必要とし，反対株主の株式買取請求権も認めることとした（467条1項2号の2・309条2項11号・469条・470条）。第5に，親会社株主による子会社の役員等の子会社に対する責任追及を可能にするために，いわゆる多重代表訴訟を限定的に認めることにした。すなわち，最終完全親会社等の総株主の議決権の100分の1以上の議決権を有する株主または発行済株式の100分の1以上の数の株式を有する株主は，帳簿価額が最終完全親会社等の総資産額の5分の1を超える重要な子会社等の役員等の責任を追及する訴訟を，当該責任原因事実により最終完全親会社に損害が生じない場合等を除き，子会社等のために提起できるとされた（847条の3）。第6に，親会社による子会社等の経営の監督を促すために，平成27年改正前会社法施行規則98条1項5号・100条1項5号・112条2項5号に定められている，企業集団の業務の適正を確保するために必要な体制の整備に係る親会社取締役の義務を，会社法本体の条文に規定することとした（348条3項4号・362条4項6号・416条1項1号ホ）。

　これ以外にも重要な改正として，特別支配株主の株式等売渡請求（179条～179条の10・846条の2～846条の9等），全部取得条項付種類株式の取得の際の開示の強化等（171条の2等），株式の併合により端数となる株式の買取請求（182条の2～182条の6等），組織再編等に対する株主の差止請求（171条の3・182条の3・784条の2・796条の2・805条の2等），詐害的な会社分割および事業譲渡における分割（譲渡）会社債権者の保護（23条の2・759条4項～7項・764条4項～7項等），分割会社に知られていない債権者の保護（759条2項・764条2項），会計監査人の選任・解任等に関する議案の内容の監査役による決定（344条），取締役，監査役等に関する責任限定契約の対象の拡大（427

条1項・2項・911条3項25号等），仮装払込みによる募集株式の発行等に対する規制の強化（52条の2・102条3項・4項・102条の2・103条2項・3項・209条2項・3項・213条の2・213条の3・282条2項・3項・286条の2・286条の3等），等がある。

　以上のような主たる改正事項の具体的な検討は，本書の他の論稿に委ねたい。

Ⅳ．改正の意義

1．コーポレート・ガバナンス

　それでは今回の会社法改正はいかなる意義を有すると解すべきか。最大の意義は，従業員出身者が会社の経営者の地位を独占し，株主利益よりは従業員集団の利益を重視する傾向のあった[14]，わが国の株式会社のコーポレート・ガバナンスを，株主利益をより重視する傾向に一歩進めたことではなかろうか。上場会社の中で社外取締役のいる会社の割合は，要綱が決定する以前の段階では50％程度であったが[15]，今回の会社法改正法が成立した時点では，まだ改正法が施行されていないのにもかかわらず，65％近く，一部上場会社においては75％近くに達しようとしていた[16]。上記のような「社外取締役を置くことが相当でない理由」の開示が，改正法が施行されると求められることになることを見据えての早めの対応がされたこととともに，部会が，「1　社外取締役に関する規律については，これまでの議論及び社外取締役の選任に係る現状等に照らし，現時点における対応として，本要綱案に定めるもののほか，金融商品取引所の規則におい

14）江頭・前掲注4）55頁参照。ただしこのような状況にも変化が生じつつあることにつき，宮島英昭「日本の企業統治の進化をいかにとらえるか――危機後の再設計に向けて」宮島英昭編著『日本の企業統治――その再設計と競争力の回復に向けて』（東洋経済新報社，2011年）1頁以下参照。
15）東京証券取引所「東証上場会社コーポレート・ガバナンス白書2011」（2011年3月）37頁～39頁。
16）東京証券取引所「東証上場会社における社外取締役の選任状況〈確報〉」（2014年7月25日）。改正法による監査等委員会設置会社制度の導入も，社外取締役の任用促進の効果があるものと期待されている。

て，上場会社は取締役である独立役員を一人以上確保するよう努める旨の規律を設ける必要がある。　２　１の規律の円滑かつ迅速な制定のための金融商品取引所での手続において，関係各界の真摯な協力がされることを要望する。」という附帯決議を行ったことを受けて[17]，証券取引所が附帯決議１に対応する上場規程改正を行ったことが[18]，このような上場会社における社外取締役の急速な普及をもたらしたものと思われる。また，支配株主の異動を伴う募集株式の発行等につき，10分の１以上の議決権を有する株主が反対した場合には，株主総会普通決議による承認を要求したり（206条の２），一定の要件を充たした親会社による子会社の株式等の譲渡に株主総会特別決議による承認を要求したりしたこと等も（467条１項２号の２・309条２項11号），株主の意思をより尊重する方向への改正であり，実務的にも影響のありうる改正と言えよう。

　このような会社法改正によるわが国株式会社のコーポレート・ガバナンス改革の動きは，金融庁における日本版スチュワードシップ・コードの策定や[19]，コーポレートガバナンス・コード策定への動きとも連動して[20]，日本企業のコーポレート・ガバナンスを，より株主利益を重視したものに見直そうとするうねりになっている。金融庁等の政府や政治の動きの背景には，前述したような日本の企業や資本市場の競争力への懸念とともに，2008年のリーマン危機以降，世界的に金融機関を中心に企業のコーポレート・ガバナンスのあり方に反省が加

---

17) 経緯につき，岩原・前掲注11)11頁参照。
18) 東京証券取引所有価証券上場規程445条の４。
19) 日本版スチュワードシップ・コードに関する有識者検討会「『責任ある機関投資家』の諸原則《日本版スチュワードシップ・コード》――投資と対話を通じて企業の持続的成長を促すために」（平成26年２月26日）(http://www.fsa.go.jp/news/25/singi/20140227-2/04.pdf)。
20) 金融庁・東京証券取引所によって設けられた「コーポレートガバナンス・コードの策定に関する有識者会議」は，上場会社は独立社外取締役を少なくとも２名以上選任すべきであるとし，可能であれば取締役の３分の１以上を社外取締役とするよう求める「コーポレートガバナンス・コード原案――会社の持続的な成長と中長期的な企業価値の向上のために」（平成27年３月５日）(http://www.fsa.go.jp/news/26/sonota/20150305-1/04.pdf) を公表している。このような動きを受けて東京証券取引所は，同取引所第一部および第二部に上場する会社に，社外取締役を選任することを促す上場規則案を提案している。

えられ、各国がコーポレート・ガバナンスの見直しの競争を行っているという事情がある[21]。このような世界の潮流の中で、会社法という法律の規定の改正そのものよりも、それがきっかけとなって、わが国企業のコーポレート・ガバナンスについて関心が集まり、コーポレート・ガバナンスに対する社会や企業の見方や姿勢の変化をもたらしたことが、より大きな意義を持つように思われる。右へ倣えの傾向の強いわが国企業は、社外取締役任用への動きが始まったことで雪崩を打って社外取締役任用へと動いているものと思われる。

　問題は、社外取締役を1人任用するだけでコーポレート・ガバナンスの改善の効果が期待できるかということであり、そもそも日本企業のコーポレート・ガバナンスの望ましいあるべき姿はどのようなものかということである。前者に関しては、既に社外取締役を2名以上としたり、一定割合任用すること等が提案されている[22]。また、アメリカ等におけるモニタリングモデルは、単に独立取締役が過半を占める取締役会の存在だけで可能になっているわけではない。内部統制部門、企業会計部門、リスク管理部門等の社内組織が、独立取締役が過半を占める取締役会や、その下にある独立取締役を中心に構成される監査委員会、指名委員会、報酬委員会、リスク委員会等を支える体制になっている[23]。これらの各部門には、監査、会計、リスク管理等の専門家が多数属して、しかも多くの場合、彼らは社内の人事ローテーションに組み込まれない専門家として採用さ

---

[21] Klaus J. Hopt, Corporate Governance of Banks after the Financial Crisis, in Eddy Wymeersch, Klaus J. Hopt & Guido Ferrarini, (ed.), FINANCIAL REGULATION AND SUPERVISION: A POST-CRISIS ANALYSIS, Oxford University Press, 2012, pp.337 et seq. もっとも、イギリス等においては株主利益重視の行きすぎを見直す動きがある（後掲注26）参照）。

[22] 「『対日直接投資に関する有識者懇談会』報告書」（平成26年4月21日）8頁（http://www5.cao.go.jp/keizai-shimon/kaigi/special/investment/report.pdf）（社外取締役を全取締役の3分の1以上にすべきと提言する）（日本経済新聞平成26年4月22日付朝刊4面）、および前掲注20）文献参照。社外取締役を複数任用する上場会社も増えているようである（日本経済新聞平成26年9月2日付朝刊3面）。

[23] 例えば、前田雅弘「監査役会と三委員会と監査・監督委員会」江頭憲治郎編『株式会社法大系』（有斐閣、2013年）（以下、『『株式会社法大系』』という）267頁、五十嵐則夫「監査委員会の役割及び監査委員会と独立監査人とのコミュニケーション──米国に焦点を当てて(上)」月刊監査役625号（2014年）79頁等参照。

れ，企業間で移動することも多いと言われる。それだけに会社経営者からの独立性も高く，むしろ取締役会や各委員会の指示に従って行動することが期待されるわけである。このような企業内の社外取締役を支える体制を日本の企業・社会の人事，風土の中でいかにして構築していけるか，それが難しければそれに代わるものを築けるかが，大きな課題である。そして社外取締役を支える体制とともに，何よりも企業を厳しく監視し場合によっては経営にも発言する機関投資家等の株主の存在が，モニタリングモデルを可能にすると言えよう。日本においてそのような機関投資家等が育っていくかが，大きな課題である[24]。

　以上のようなコーポレート・ガバナンス改革の動きは，前述したように，より株主の利益を反映した経営，株主による経営の監視を強化する方向を目指したものである。このような動きは，株式会社制度の問題は，経営者が，株主より自らの利益，例えば，ストックオプション等による個人的利益の実現を図って目先の利益追求に走り，エンロン事件のような不正経理やリーマン危機におけるような危険な企業行動を起こしたり，公害その他により第三者を損なう経営を行ったり，地位保全のために消極的経営を行ったり，経営者の母体である従業員集団の利益のほうを重んじて，企業の収益力を損なう経営を行ったりすることにある，という認識に基づく[25]。株主は被害者だというモデルである。

　しかしイギリス，アメリカ等においては，このような株主利益の追求を求める考え方とは逆に，コーポレート・ガバナンスにおいて株主の力が強すぎ，企業が株主利益最大化に走りすぎていることが，バブルを発生させ，リーマン危機のような経済・社会の不安定化や危機をもたらしたと見て，それを抑制することが必要だとする考えも根強い。短期的な企業利益の拡大を要求するヘッジファンド等の機関投資家の圧力が，企業経営者をサブプライムローンの証券化等のバブルを引き起こす危険な行動に走らせたというのである。株主は加害者だというモデルである[26]。

---

24) 日本版スチュワードシップ・コードに関する有識者検討会・前掲注19)，江頭憲治郎「上場会社の株主」『株式会社法大系』3頁以下参照。
25) 岩原・前掲注3)13頁以下および同引用文献参照。

いずれが真実か，国によって事情も異なろう。株主利益があまりにも軽視されて収益力が落ちては，資本を有効に利用したことにならず，企業ひいては国の経済力も落ちる。前述したように，日本で現在懸念されているのは，そのような状況である。他方，ファンド等の投資家の力が強すぎて，それが短期的な利益の追求に傾くとすれば，企業の長期的な利益，そして会社債権者，従業員，消費者，政府等，株主以外の会社関係者の利益を損なう経営を企業経営者に強いる可能性がある。イギリス，アメリカ等において懸念されている状況である[27]。もっとも，そのような株主利益を過度に追求するガバナンスのあり方に批判的な見方も，会社経営の中心を出資者である株主の利益の追求に置き，株主が会社経営者を選任するという，資本主義体制自体は否定しないものが多い。社会主義体制が崩壊した今日，資本主義に代わる経済体制のモデルは生まれていないためである。過大な株主利益追求への批判は，資本主義の行きすぎにブレーキをかけようという考えにすぎず，しかもその具体的な方法につき必ずしも確たる答えは見出せていないように感じられる。
　今回の会社法改正は，日本の会社経営において株主利益と従業員集団の利益のバランスがやや後者に傾きすぎていたのを，前者の株主利益の一層の重視の方向へ一歩踏み出そうとしたものにすぎないと言えよう。株主利益が十分に配慮されるようになったときに，その行きすぎにいかにブレーキをかけ，企業の長期的な

---

26) Andrew R. Keay, The Global Financial Crisis: Risk, Shareholder Pressure, and Short-Termism in Financial Institutions-Does Enlightened Shareholder Value Offer a Panacea?, 5 Law & Fin. Mkt. Rev. 435 (2011); John C. Coffee, Jr., Systemic Risk after Dodd-Frank: Contingent Capital and the Need for Regulatory Strategies beyond Oversight, 111 Colum. L. Rev. 795 (2011); Colin Mayer, FIRM COMMITMENT: WHY THE CORPORATION IS FAILING US AND HOW TO RESTORE TRUST IN IT (Oxford U. Press, 2013)（コリン・メイヤー〔宮島英昭監訳〕『ファーム・コミットメント――信頼できる株式会社をつくる』〔NTT出版，2014年〕）。尾崎悠一「金融危機と役員報酬規制」神作裕之責任編集・資本市場研究会編『金融危機後の資本市場法制』（資本市場研究会，2010年）159頁以下参照。このようなモデルについては，早稲田大学大学院法学研究科博士課程の山崎眞惟氏から御示唆を頂いた。なお，株主が短期的利益を追求しているという批判に対する反論として，例えば，Mark J. Roe, Corporate Short-Termism――In the Boardroom and in the Courtroom, 68 Bus. Law. 977 (2013) 参照。
27) 前掲注 26)文献参照。

利益や株主以外の会社の利害関係者の利害を適切に反映する会社制度をいかに構築していくかは，将来の課題であろう[28]。

2．企業結合

　企業結合に係る今回の会社法改正は，多重代表訴訟制度の限定的導入等，非常に限られたものであった[29]。とりわけ子会社関係者の親会社からの保護については，一切手が加えられなかった[30]。もっとも，今回の限られた改正でも，実務的には影響を及ぼしうる点もある。

　例えば，多重代表訴訟が認められたことに伴い，多重代表訴訟の対象となる子会社役員等の責任の一部免除を行うには，子会社だけではなく最終完全親会社等の株主総会による承認等も要件とされることになった（425条～427条）。その結果，子会社役員等の責任の一部免除は実際上，極めて困難になったと言えよう。

　親会社役員の子会社経営に関する監視義務は，前述したように，会社法施行規則に規定されていた内容が，会社法本体に規定されただけである。しかし少なくとも実務家はこの問題により神経質になっているようであり[31]，社外取締役の設置の問題と同様に，会社法改正を契機にこの問題がより認識されることが期待される。

---

28) 大杉謙一「会社は誰のものか――株主利益最大化と短期主義批判，会社の社会的責任（CSR）に関する覚書」落合誠一先生古稀記念『商事法の新しい礎石』（有斐閣，2014年）1頁および同引用文献参照。
29) これらの限定を批判するものとして，髙橋陽一『多重代表訴訟制度のあり方』（商事法務，2015年）261頁以下参照。また，今回の会社法改正の内容を含む企業結合法制全体の検討として，神作裕之「親子会社とグループ経営」『株式会社法大系』57頁以下参照。
30) 中間試案第2部第2の1においては，親会社が子会社との間の利益相反取引により子会社に不利益を与えた場合の親会社の責任を規定することが提案されていたが，経済界の反対等により規定されなかった。

V. 結び

　コーポレート・ガバナンスの問題については，株主のあり方等が変わらない限り，会社法を改正しても効果は期待できないという意見もある[32]。確かに会社法という法律の改正だけによる効果は限られたものかもしれない。しかし前述した社外取締役の任用の問題に見られるように，むしろ会社法改正に伴い，会社関係者や社会の認識が改まっていくことのほうに，より多くの意義が見出せるように思われる。わが国においては，そのような認識の変化や，雇用形態の変化等に伴い，会社経営者が，役員人事や役員報酬の決定，コーポレート・ファイナンス，組織再編等にあたって，株主利益により注意を払い，コーポレート・ガバナンスの過程をより透明なものとしていくことが望まれる。

　企業結合についても，今回の会社法改正の内容は誠に細やかなものである。しかし，経済・社会が大きく変わる中で，企業結合についても見直しの動きや変化はあり，その改善に向けての継続的な努力が必要であろう。

　本稿ではコーポレート・ガバナンスの問題を中心に企業結合に関する今回の会社法改正の意義を若干議論することにとどまった。しかしそれ以外にも特別支配株主による株式等売渡請求制度の導入等，重要な意義を有する改正が含まれていることを最後に付言したい。

---

31) 岩原紳作ほか「〔座談会〕改正会社法の意義と今後の課題(下)」商事法務 2042 号 (2014 年) 4 頁以下参照。稲葉威雄「平成 26 年会社法改正を考える」法時 86 巻 11 号 (2014 年) 71 頁〜72 頁は，会社法本体に規定されたことは，連結計算の対象になる企業集団の業務の適正を確保する体制整備が，親会社の業務であることを示すとされる。親会社取締役の子会社経営に関する監視義務につき積極的な表現をとる判例として，福岡地判平成 23・1・26 金判 1367 号 41 頁がある。なお，東京地判平成 13・1・25 判時 1760 号 144 頁，大阪地判平成 15・9・24 判時 1848 号 134 頁，東京地判平成 23・11・24 判時 2153 号 109 頁等参照。

32) 江頭・前掲注 4) 文献参照。なお，脱稿後，大杉謙一「上場会社の経営機構——強い『本社』と社長を確保するために」法時 87 巻 3 号 (2015 年) 4 頁以下に接した。

会社法施行規則および会社計算規則の改正の概要

Ⅰ．はじめに

　会社法の一部を改正する法律（平成26年法律第90号。以下，「改正法」という）および会社法の一部を改正する法律の施行に伴う関係法律の整備等に関する法律（平成26年法律第91号）は，平成26年6月20日に成立し，同月27日に公布された。法務省は，この会社法の一部改正等に伴う会社法施行規則（以下，「施行規則」という），会社計算規則（以下，「計算規則」という）等の改正案について，平成26年11月25日から同年12月25日までの間，パブリック・コメントの手続を行った上，会社法施行規則等の一部を改正する省令（平成27年法務省令第6号。以下，「改正省令」という）を制定し，平成27年2月6日に公布した。改正法の施行日は，同年1月23日に公布された，会社法の一部を改正する法律の施行期日を定める政令（平成27年政令第16号）により，同年5月1日と定められており，改正法は，改正省令と併せて，同日に施行された（改正省令附則1条参照）。

　改正省令は，国会における法案審議，改正法の法律案の国会への提出に際しての自由民主党政務調査会法務部会における議論，法制審議会会社法制部会における議論等の内容を踏まえたものである。そして，会社法制部会では，法務省令に規定する事項についても，具体的な議論がされており，改正省令には，会社法制部会での議論において，法務省令で規定することにつきコンセンサスが得られたためその内容に盛り込まれたものが多数含まれている。

本稿は，そのような背景にも必要に応じて触れつつ，改正省令による施行規則および計算規則の改正の概要について解説するものである。なお，文中意見にわたる部分は，筆者らの私見である。

Ⅱ．施行規則の改正の概要

1．定義規定等の整備

改正法により社外取締役の要件等が改正され（2条15号等），また，定時株主総会における社外取締役を置くことが相当でない理由の説明義務に係る規定が新設されたこと（327条の2）等に伴い，社外役員（施行規則2条3項5号），社外取締役候補者（同項7号），社外監査役候補者（同項8号）および特定関係事業者（同項19号）の各定義を改正するなど所要の改正を行っている。

また，改正法で新たに「子会社等」（2条3号の2）および「親会社等」（同条4号の2）の概念を設けたことに伴い，これらの規定で法務省令に委任されている「会社以外の者がその経営を支配している法人として法務省令で定めるもの」等について，「子会社」（同条3号）および「親会社」（同条4号）における省令委任事項（「経営を支配している法人として法務省令で定めるもの」）について定める施行規則3条と同様の規定を設けることとしている（施行規則3条の2）。

2．出資の履行の仮装に関する規定の整備

出資の履行の仮装に関与した発起人・取締役等として責任をとるべき者（52条の2第2項・103条2項・213条の3第1項・286条の3第1項）として，利益供与に関与した取締役等として責任をとるべき者について定める施行規則21条の規定を参考にして，出資の履行の仮装に関する職務を行った発起人・取締役等を規定している（施行規則7条の2・18条の2・46条の2・62条の2）。

3．全部取得条項付種類株式の取得および株式の併合に関する規定の整備

全部取得条項付種類株式の取得に関する事前開示事項（171条の2第1項）および事後開示事項（173条の2第1項）について，株式交換完全子会社に関する

事前開示事項（施行規則184条）および事後開示事項（同190条）を参考にした規定を設けることとしている（事前開示事項につき同33条の2，事後開示事項につき同33条の3）。

　なお，部会における議論に基づき，実務上，全部取得条項付種類株式の取得がキャッシュ・アウトの手法として用いられていることを踏まえて，事前開示事項中の取得対価の相当性に関する事項として，端数処理の方法に関する事項，当該処理により株主に交付することが見込まれる金銭の額およびその相当性に関する事項を規定することとしている（施行規則33条の2第2項4号）。

　また，株式の併合に関する事前開示事項（182条の2第1項）および事後開示事項（182条の6第1項）について，同様の事項を定めることとしている（事前開示事項につき施行規則33条の9，事後開示事項につき同33条の10）。改正法の施行後は株式の併合がキャッシュ・アウトの手法として用いられることを想定して，端数処理の方法に関する事項等を事前開示事項とすること（同33条の9第1号ロ）も，全部取得条項付種類株式の取得の場合と同様である。

4．特別支配株主の株式等売渡請求に関する規定の整備

　特別支配株主の株式等売渡請求制度（179条以下）について，株式等売渡請求に際して特別支配株主が定めるべき事項（施行規則33条の5）ならびに対象会社の事前開示事項（同33条の7）および事後開示事項（同33条の8）等を定めることとしている。

　なお，部会における議論に基づき，また，国会，特に参議院法務委員会における審議の内容を踏まえて，株式等売渡請求を行うに際して特別支配株主が定めるべき事項（179条の2第1項6号）として，株式売渡対価等の支払のための資金を確保する方法を規定する（施行規則33条の5第1項1号）とともに，対象会社の事前開示事項（179条の5第1項4号）として，株式売渡対価等の相当性に関する事項（施行規則33条の7第1号）のみならず，支払資金の確保の方法の相当性その他の株式売渡対価等の交付の見込に関する事項を規定することとしている（同条2号）。これは，対象会社の取締役会等が株式等売渡請求を承認するかどうかを決定する（179条の3）にあたって，株式売渡対価等の交付の見込

みの有無を判断すべきであることを前提とするものである。

5．支配株主の異動を伴う募集株式の発行等に関する規定の整備

　公開会社における支配株主の異動を伴う募集株式の発行等にあたって株主に対して通知すべき事項（206条の2第1項・244条の2第1項）として，部会における議論に基づき，特定引受人に対する募集株式の割当て等に関する取締役会の判断およびその理由，当該取締役会の判断が社外取締役の意見と異なる場合にはその意見，監査役等の意見等を規定することとしている（施行規則42条の2・55条の2）。

　また，特定引受人が引き受けた募集新株予約権に係る「交付株式」（244条の2第2項）の内容として，交付株式の数が募集新株予約権の割当て等の決定日後のいずれか一の日の市場価額その他の指標に基づき決定される場合等の取扱い等について規定することとしている（施行規則55条の3）。

6．株主総会参考書類の記載に関する規定の整備

　改正法により社外取締役の要件等が改正され（2条15号等），「親会社等」として親会社と同様に株式会社の経営を支配している自然人およびその関係者でないこと等がその要件中に含まれることとなり，当該自然人が取締役等の候補者となる場合が生じることとなったこと等に伴い，①取締役の候補者に関する記載事項として，候補者が当該自然人またはその関係者であるときは，その旨等を加え（施行規則74条3項），②社外取締役候補者に関する記載事項として，候補者が当該株式会社の親会社等（自然人に限る）であり，または過去5年間に親会社等であったことがあること等を加える（同条4項）など，株主総会参考書類の記載事項について改正することとしている。

　また，自由民主党政務調査会法務部会における議論を踏まえて，①社外取締役を置いていない上場会社等が，取締役の選任議案を株主総会に提出する場合に，社外取締役となる見込みである者を候補者とする取締役の選任議案を当該株主総会に提出しないときは，株主総会参考書類に，社外取締役を置くことが相当でない理由を記載しなければならないこととする（施行規則74条の2第1項・2項）

とともに，②この「相当でない理由」は，当該株式会社のその時点における事情に応じて記載しなければならず，また，社外監査役が2人以上あることのみをもって「相当でない理由」とすることはできないことを注意的に規定している（同条3項）。

このほか，部会における議論に基づき，改正法により会計監査人の選任等に関する議案の内容の決定を監査役等が行うこととなること（344条等）に伴い，会計監査人の選任議案等について，監査役等が当該候補者を会計監査人の候補者とした理由等を株主総会参考書類に記載しなければならないこととしている（施行規則77条3号等）。

7．内部統制システムの整備に関する規定の整備

いわゆる内部統制システムの整備に関する規定について，①改正法により「当該株式会社及びその子会社から成る企業集団の業務の適正を確保するために必要な」体制の整備が会社法に規定されたこと（348条3項4号・362条4項6号等）に伴い，当該企業集団に関する内部統制システムの具体例を掲げる改正を行う（施行規則98条1項・100条1項等）とともに，②要綱（第1部第1（第1の後注））に基づき，監査を支える体制や監査役による使用人からの情報収集に関する体制に係る規定の充実・具体化等を図るための改正（同98条4項・100条3項等）を行っている。

なお，①は，企業集団全体の内部統制に係る当該株式会社における体制の整備について決定すべきであることを規定するものであって，当該株式会社がその子会社自体の内部統制システムの整備について決定すべきであることを規定するものではない（施行規則98条1項等の柱書において「当該株式会社における」という文言を追加したのは，そのことを明らかにするためである）。

8．監査等委員会設置会社等に関する規定の整備

監査等委員会設置会社制度（399条の2以下）に関して，監査等委員会の議事録（施行規則110条の3）および業務の適正を確保するための体制（内部統制システム。同110条の4。内容については，前記**7**参照）に関する規定を設ける

ほか，監査等委員である取締役の選任等に関して所要の規定の整備を行っている（同16条3項3号・18条2項等）。

また，委員会設置会社の内部統制システムについて，前記**7**と同様の改正を行う（施行規則112条）とともに，指名委員会等に出席した「取締役（当該指名委員会等の委員であるものを除く。）」の氏名を指名委員会等の議事録の記載事項に加えている（同111条3項5号）。このほか，委員会設置会社の名称が指名委員会等設置会社に変更されること（2条12号）を受けて，所要の規定の整備を行っている（施行規則111条等）。

9．事業報告およびその附属明細書の内容に関する規定の整備

要綱（第1部第1（第1の後注））に基づき，内部統制システムの運用状況の概要（施行規則118条2号）を事業報告の内容とすることとしている。

そして，最終完全親会社等の株主による特定責任追及の訴え（いわゆる多重代表訴訟）の制度を創設すること（847条の3）に伴い，事業年度の末日に重要な子会社に該当する完全子会社（特定完全子会社）の名称等を事業報告の内容とすることとして（施行規則118条4号），多重代表訴訟の対象となる完全子会社の取締役等を調査するための情報を提供することとしている。

また，要綱（第2部第1（第1の後注））に基づき，当該株式会社とその親会社等との間の一定の利益相反取引であって，個別注記表に関連当事者との取引に関する注記を要するものについて，当該株式会社の利益を害さないかどうかについての取締役または取締役会の判断およびその理由等を事業報告の内容とすることとしている（施行規則118条5号）。なお，会計監査人非設置の公開会社においては，当該注記事項の一部の個別注記表への記載を省略することができ，省略した記載事項は計算書類の附属明細書に記載されること（計算規則112条1項ただし書・117条4号）を踏まえて，この場合には，当該株式会社の利益を害さないかどうかについての取締役会の判断およびその理由等も，事業報告ではなく，その附属明細書の内容とすることとしている（施行規則128条3項）。

さらに，要綱（第1部第1の2（前注））に基づき，また，自由民主党政務調査会法務部会における議論を踏まえて，①事業年度の末日において社外取締役を

置いていない上場会社等は，社外取締役を置くことが相当でない理由を当該事業年度に係る事業報告の内容としなければならないこととする（施行規則124条2項）とともに，②この「相当でない理由」は，当該株式会社の当該事業年度における事情に応じて記載しなければならず，また，社外監査役が2人以上あることのみをもって「相当でない理由」とすることはできないことを注意的に規定している（同条3項）。

このほか，部会における議論に基づき，監査等委員会設置会社につき常勤の監査等委員の選定の有無およびその理由（施行規則121条10号イ。なお，指名委員会等設置会社の監査委員についても，同様の改正をしている。同号ロ），会計監査人設置会社につき会計監査人の報酬等について監査役等が同意した理由（同126条2号）等を事業報告の内容とすることとしている。

10. ウェブ開示によるみなし提供事項の拡大

内閣に置かれた高度情報通信ネットワーク社会推進戦略本部（IT総合戦略本部）で平成25年12月20日に決定された「IT利活用の裾野拡大のための規制制度改革集中アクションプラン」において，「法務省は，事業報告等の記載事項の中でインターネットでの開示の対象となる事項について拡大する方向で検討し，必要に応じて平成26年度中に予定されている会社法施行規則及び会社計算規則の改正の際に見直しを行う」こととされたことを受けて，いわゆるウェブ開示を行うことにより株主に提供されたものとみなされる事項（以下，「みなし提供事項」といい，このように株主に提供されたものとみなされることを「みなし提供」という）を拡大するため，株主総会参考書類および事業報告に係るウェブ開示によるみなし提供事項の範囲の見直し等を行っている（施行規則94条1項・133条3項）。

また，情報の提供を受ける側からすれば，ウェブ開示によるみなし提供事項以外の株主総会参考書類記載事項または事業報告記載事項に係る情報についても，みなし提供事項と併せてウェブに掲載されていたほうが便宜であるにもかかわらず，実務上，必ずしも併せて掲載されていないとの指摘を踏まえて，みなし提供事項以外の株主総会参考書類記載事項または事業報告記載事項に係る情報につい

ても（当該情報についてはみなし提供の効果は生じないが）ウェブに掲載することは妨げられず，その際，当該情報をみなし提供事項と一体として（1つのファイルにより）ウェブに掲載することも可能であることを確認するための規定を設けることとしている（施行規則94条3項・133条7項）。

11. 組織再編における事前開示事項および事後開示事項の整備

①合併対価が吸収合併存続会社の社債，新株予約権または新株予約権付社債である場合における吸収合併消滅株式会社の事前開示事項に，吸収合併存続会社の定款の定めを追加する（施行規則182条4項3号）とともに，②組織再編の当事会社の事後開示事項に，改正法により設けられる組織再編の差止請求（784条の2等）に係る手続の経過を追加する（施行規則189条2号イ等）など，組織再編における事前開示事項および事後開示事項に係る規定の改正を行っている（同184条・190条等）。

12. 多重代表訴訟等に関する規定の整備

旧株主による責任追及等の訴え（847条の2）および最終完全親会社等の株主による特定責任追及の訴え（いわゆる多重代表訴訟。847条の3）に関して，一般の責任追及等の訴えに関する規定（施行規則217条・218条）を参考にして，提訴請求の方法（同218条の2・218条の5）および不提訴理由の通知方法（同218条の4・218条の7）を定める規定等を設けることとしている。

13. その他の改正

平成26年財務省令第29号による税理士法施行規則の改正に伴い施行規則103条を改正するほか，形式的整備を含む所要の改正を行っている（施行規則25条・108条等）。

Ⅲ．計算規則の改正の概要

1．出資の履行の仮装に係る義務が履行された場合に関する規定の整備

　出資の履行の仮装に係る規定（52条の2第1項・102条の2第1項・213条の2第1項・286条の2第1項）に関して，出資の履行を仮装した募集株式の引受人等の義務の履行により株式会社に対して支払われた金銭等の額を，その他資本剰余金の額に算入することとしている（計算規則21条）。なお，募集株式の引受人等が出資の履行を仮装することに関与した取締役等の義務（52条の2第2項・103条2項・213条の3第1項・286条の3第1項）の履行により株式会社に対して支払われた金銭の額の取扱いについては，改正省令で特段の規定を設けておらず，当該金銭の額については，損害賠償責任の履行として，義務が履行された事業年度の利益（その他利益剰余金）として認識されることとなる。これらの整理は，募集株式の引受人等および取締役等の現物出資財産の価額填補責任（52条1項・212条1項2号・213条1項・285条1項3号・286条1項）が履行された場合の取扱い等を参考としたものである。

2．監査等委員会設置会社に関する規定の整備

　監査等委員会設置会社制度（399条の2以下）に関して，監査等委員会設置会社における計算関係書類の監査の手続に関する規定を設けることとしている（計算規則125条・128条の2・130条等）。

3．ウェブ開示によるみなし提供事項の拡大

　前記Ⅱ10と同様の観点から，ウェブ開示によるみなし提供の対象となる計算書類に株主資本等変動計算書を追加する（計算規則133条4項）とともに，みなし提供の対象となる計算書類以外の計算書類についても，ウェブに掲載することは妨げられず，その際，みなし提供の対象となる計算書類と一体として（1つのファイルにより）ウェブに掲載することも可能であることを確認するための規定を設けることとしている（同条8項）。

4．株式買取請求に応じて株式を取得した場合に責任を負うべき者に関する規定の整備

株式の併合について新設された株式買取請求（182条の4）に応じて株式を取得した場合について，業務執行者は，株式会社に対し，分配可能額を超えて株主に支払った額を支払う責任を負うこととされたこと（464条1項）に伴い，当該責任を負う者を定める規定を設けることとしている（計算規則159条10号）。

5．企業結合に関する会計基準等の改正に伴う規定の整備

企業会計基準委員会による企業結合に関する会計基準その他の会計基準等の改正に伴い，以下の整備を行っている。

（1）連結計算書類における表示に関する整備

企業結合に関する会計基準等の改正により，連結貸借対照表の表示科目の名称変更がされたこと（「少数株主持分」を「非支配株主持分」に変更する等），連結損益計算書の当期純利益に非支配株主に帰属する部分も含めることとされたこと等を踏まえ，計算規則の規定を整備することとしている（計算規則76条・93条・94条・96条2項・8項・102条・113条）。

（2）株主資本等変動計算書等における暫定的な会計処理の確定に関する整備

企業結合に関する会計基準等の改正により，企業結合年度の翌年度に暫定的な会計処理の確定を行い，企業結合年度の翌年度のみの表示が行われる場合には，株主資本等変動計算書等において，期首残高に対する影響額を区分表示するとともに，当該影響額の反映後の期首残高を記載することとされたことを踏まえ，株主資本等変動計算書等の表示に関する規定を整備することとしている（計算規則96条7項）。

6．その他の改正

その他，形式的整備を含む所要の改正を行っている（計算規則2条等）。

Ⅳ. 経過措置の概要

　改正省令は，一部の規定を除き，改正法の施行日（平成27年5月1日）から施行することとし，その上で，以下の経過措置を設けている。

1．施行規則関係

　施行日前に招集の手続が開始された株主総会または種類株主総会に係る株主総会参考書類の記載については，なお従前の例によることとしている（改正省令附則2条5項）。創立総会または種類創立総会に係る創立総会参考書類の記載についても同様である（同条1項）。

　その上で，改正法において「親会社等」の概念を新設したことに伴い，取締役等の選任議案を提出する場合における株主総会参考書類には，候補者が親会社等またはその子会社等の業務執行者であるときはその地位および担当等を記載しなければならないこととしているところ（施行規則74条3項等。前記Ⅱ6参照），これらの事項を記載するために必要な調査の負担等を考慮して，施行日以後にその末日が到来する事業年度のうち最初のものに係る定時株主総会より前に開催される株主総会または種類株主総会に係る株主総会参考書類については，これらの新たに追加される事項の記載を要しないこととしている（改正省令附則2条2項。同条3項・4項も，同様の趣旨の経過措置である）。この経過措置により，3月末日を事業年度の末日とする株式会社にあっては，平成28年3月末日をその末日とする事業年度に係る定時株主総会（通常は，同年6月に開催される定時株主総会）に係る株主総会参考書類から，これらの事項の記載を要することとなる。

　また，施行日前にその末日が到来した事業年度のうち最終のものに係る事業報告およびその附属明細書の記載（前記Ⅱ9参照）については，なお従前の例によることとして，改正前の規定に従って記載すればよいこととしているが（改正省令附則2条6項本文），「社外取締役を置くことが相当でない理由」（施行規則124条2項）については，施行日以後に監査役の監査を受ける事業報告に記載しなければならないこととしている（改正省令附則2条6項ただし書）。その上

で，事業年度の途中で施行日を迎えた場合には，内部統制システムの運用状況（施行規則118条2号）や，株式会社とその親会社等との間の利益相反取引につき株式会社の利益を害さないかどうかについての取締役の判断およびその理由等（同条5号）については，施行日以後のものに限って記載すれば足りることとしている（改正省令附則2条7項・8項）。

2．計算規則関係

　企業結合に関する会計基準等の改正に伴う規定の整備（前記Ⅲ5参照）については，改正された会計基準等の適用時期に合わせた経過措置を設けることとしている（改正省令附則3条1項・2項）。

NUMBER 3

企業統治

I．はじめに

　本稿では，平成 26 年の会社法改正のうちの企業統治関係の事項について，主に中間試案ののちの動きを中心として[1]，改正の内容を概観するとともに，若干の問題点について検討してみたい。

II．社外取締役の設置に関する開示等

1．設置義務づけの見送りと開示規制の導入

　改正により，公開会社でありかつ大会社である監査役会設置会社であって，株式についての有価証券報告書提出会社である会社が事業年度末日に社外取締役を置いていない場合には，取締役は，社外取締役を置くことが相当でない理由を，当該事業年度に関する定時株主総会で説明しなければならない旨の規定が新設された（327 条の 2）。この規定が設けられるに至った経緯は，次のとおりである。

---

1) 中間試案段階においてジュリストで特集が組まれ（「会社法制のゆくえ―― 会社法改正中間試案の考察」ジュリ 1439 号〔2012 年〕），本稿で扱う問題については，神作裕之「取締役会の監督機能の強化」同 21 頁，荒谷裕子「監査役の監査機能の強化」同 27 頁において検討が行われた。なお，資金調達の場面における企業統治関係の改正については，本書所収の野村修也「資金調達に関する改正」で扱われる。また，法務省令で扱われる事項については，本稿では正面からは取り上げない。

中間試案段階では，1人以上の社外取締役の選任を義務づけるかどうか，また，義務づけるとしてどの範囲の会社を適用対象とするかについて，3つの案が併記されていた（第1部第1の1）。審議の過程では，取締役会の監督機能の充実という観点から，社外取締役の存在が一般に有益であることについては，概ね多くの意見が一致していたが，選任を法律によって義務づけることが適切かどうかについて，大きく意見が分かれた[2]。

審議の終盤まで意見は収束せず，そこで要綱においては，設置義務づけは見送ることとされ，設置を促進するような開示規制が設けられることとなった。すなわち，一定範囲の監査役会設置会社が社外取締役を置いていない場合には，社外取締役を置くことが相当でない理由を事業報告の内容とするものとされた（要綱第1部第1の2（前注））。

しかしその後，企業統治の実効性強化の方向をより明確にするためには，事業報告における開示規制（法務省令の改正にとどまる）だけでなく，法律レベルでも社外取締役の設置を促進するための措置を講ずる必要があると考えられるようになり，自由民主党の政務調査会法務部会での議論を踏まえて法案段階で修正が行われ，前記の規定の形になった[3]。

2．社外取締役設置に関する説明義務

（1）株主総会における説明義務

株主総会においては，事業報告の内容のような報告事項も，取締役等の一般的な説明義務（314条）の対象であることについて異論はない。したがって，前記の要綱段階のまま，事業報告での開示が求められるだけであっても，株主が議場で説明を求めれば，いずれにせよ取締役等に説明義務が生じる。したがって，要綱からの変更は重大なものではないが，327条の2の規定の下では，株主からの質問の有無にかかわらず，取締役（通常は議長である代表取締役）は，議場にお

---

[2] 設置義務づけをめぐる審議の経緯について，岩原紳作「『会社法制の見直しに関する要綱案』の解説(1)」商事法務1975号（2012年）10頁，神作・前掲注1)21頁参照。
[3] 坂本三郎ほか「平成26年改正会社法の解説(1)」商事法務2040号（2014年）34頁。

いて，株主の前で理由を説明しなければならない。この意味で，327条の2の規定は，一般の説明義務の規定（314条）の特則として位置づけることができる。

（2）説明すべき理由

　説明すべき理由は，単に社外取締役を「置かない理由」ではなく「置くことが相当でない理由」である（327条の2）。しかも，事業報告および株主総会参考書類において，「置くことが相当でない理由」を記載しなければならない旨が法務省令の改正により規定され，この「相当でない理由」は，①個々の株式会社の各事業年度等における事情に応じて記載しなければならないこと，および，②社外監査役が2名以上あることのみをもって理由とすることはできないことが，明文で定められた[4]。この法務省令の規定は，327条の2の規定にいう「相当でない理由」について直接に定めるものではないが，327条の2の規定の解釈にあたっても，同じ文言については，これに倣った解釈をすべきものと考えられる。もっとも，当該会社の個別事情を考慮することなく雛形どおりの記載をしてよいはずはないし（前記①），社外監査役が2名以上あることだけなら，規制の対象となる会社すべてに当然あてはまることであって無意味であるから（前記②），この法務省令の規定は，当然のことを確認するにすぎないと見るべきものであろう[5]。

　「相当でない理由」として，既に様々な解釈が試みられつつあるが[6]，例えば，当該会社において内部統制システムが適正に構築・運用されているなどの状況を挙げ，場合によっては当該会社の規模や事業のやり方なども考慮に入れた上，社外監査役によって適正な監査がなされていることも含めて，社外取締役を置かなくても監視機能が十分に機能しているという事情を説明すれば，説明義務は果たされたことになると解してよいのではなかろうか。このような事情がある場合に，設置のコストを負担してまで社外取締役を設置することは，「相当でない」

---

[4]　会社則124条2項・3項・74条の2。
[5]　中西和幸ほか「『社外取締役を置くことが相当でない理由』に関する規律の要綱からの変更と実務に与える影響」商事法務2025号（2014年）18頁。

と考えられるからである。

　そして説明は，合理的な平均的株主を基準として，出席株主がその内容を理解できる程度に具体的に行われる必要があるが，説明される理由は，客観的に合理的である必要まではないと解してよいであろう。説明された理由に客観的な合理性が備わっているかどうかは，新株の有利発行を必要とする理由の説明（199条3項），または株式併合を必要とする理由の説明（180条4項）などと同様，説明を受けた株主が判断すべき事項だからである。

（3）説明義務違反の効果

　もっとも，虚偽の理由を説明すれば，およそ理由を説明しないのと同様，説明義務違反になることは言うまでもない。虚偽の理由説明は，具体的な法令違反行為として取締役の任務懈怠となるが（423条1項），問題は，決議の効力に影響するかである。通常の説明義務（314条）であれば，当然に特定の議題に関連して生じることから，その違反があれば，当該議題に関してなされた株主総会決議について，決議方法の法令違反として取消事由が生じる（831条1項1号）。

　これに対して327条の2に基づく説明義務は，前記のように，特定の議題に関して株主の求めがあって生じる義務ではないため，その違反が特定の決議と結びつくかが問題となるが，その違反があれば，取締役選任議案について，株主の議決権行使の判断に影響がないとは言えないであろう。例えば株主は，議場において説明を受けた理由に基づいて，社外取締役でない取締役の選任議案に賛成し

6）江頭憲治郎『株式会社法〔第6版〕』（有斐閣，2015年）386頁注6，菊地伸ほか『会社法・改正法案の解説と企業の実務対応』（清文社，2014年）39頁，木村敢二ほか「会社法改正法案と社外取締役にかかる実務対応」商事法務2023号（2014年）39頁，佐藤寿彦「社外取締役がいない会社に求められる説明」商事法務2024号（2014年）12頁，中西ほか・前掲注5)14頁等。また，「置くことが相当でない理由」とは異なるが，既に金融商品取引法上の有価証券報告書等の「コーポレート・ガバナンスの状況」では，社外取締役を選任していない場合には，「その旨及びそれに代わる社内体制及び当該社内体制を採用する理由」が記載事項とされており（第2号様式・記載上の注意(57)c），その記載例（「平成24年12月期有価証券報告書に見る『社外取締役を置かない理由』の記載状況」資料版商事法務350号〔2013年〕6頁）が参考になる。

た可能性を否定することはできない。したがって，当該定時株主総会において取締役選任決議が行われた場合には，327条の2に基づく説明義務の違反は，裁量棄却の余地は否定されないにせよ，決議方法の法令違反として，同決議の取消事由になりうると解すべきである[7]。

3．社外取締役設置に関する動向

以上のように，社外取締役の設置について，改正法は設置義務づけこそ見送ったものの，社外取締役を置いていない会社は，株主総会における説明，事業報告での開示，株主総会参考書類での開示という3つもの場面で，理由の説明・開示を迫られる。改正法は，これら3本立ての強力な開示規制によって，社外取締役の設置を推進しようとしているものと考えられる。

また，東京証券取引所は，上場会社に対し，独立役員（社外取締役または社外監査役であって一定の要件を備えた者）を1名以上確保することを上場規則により求めてきたところ（東京証券取引所有価証券上場規程436条の2），法制審議会での附帯決議を受けて同規則が改正され，上場会社は，社外取締役たる独立役員を確保する努力義務を負うものとされた（同規程445条の4。平成26年2月10日施行）。

さらに，改正法の附則において，改正法施行後2年を経過した段階で，「社外取締役の選任状況その他の社会経済情勢の変化等を勘案し」，必要があれば「社外取締役を置くことの義務付け等所要の措置を講ずる」ものとするという定めが置かれた（改正法附則25条）。

社外取締役の設置は，現時点においても急速に進みつつあるところ[8]，以上のような設置に向けた圧力によって，今後さらに設置が進んでいくものと予測される。

---

7) 取消事由になる可能性を指摘するものとして，岩原紳作ほか「〔座談会〕改正会社法の意義と今後の課題(上)」商事法務2040号（2014年）12頁〔岩原紳作発言〕，坂本ほか・前掲注3)36頁。反対，中西ほか・前掲注5)19頁。採決に影響があった場合にのみ，決議方法の著しい不公正として取消事由になりうると解する説もある。尾崎悠一「機関」法教402号（2014年）5頁。

Ⅲ．社外取締役・社外監査役の要件等

1．社外性要件の加重
（1）改正の概要
　改正法は，社外取締役の独立性を高め，機能の実効性を確保するため，次の①〜③のように社外性要件を加重した。

① 社外取締役の要件に，自然人たる親会社等，または親会社等の取締役・執行役・使用人でないことが追加された（2条15号ハ）。親会社等の関係者は社外取締役になることができないものとする改正である。

　「親会社等」とは，親会社に加え，自然人たる支配株主などを含む，改正法により新たに設けられた概念である（2条4号の2）。

② 社外取締役の要件に，親会社等の子会社等の業務執行取締役・執行役・使用人でないことが追加された（2条15号ニ）。いわゆる兄弟会社の関係者は社外取締役になることができないものとする改正である。

　「子会社等」とは，子会社に加え，会社以外の者（自然人たる支配株主など）に支配されている一定の法人を含めた概念として，改正法により新たに設けられた概念である（2条3号の2）。

③ 社外取締役の要件に，取締役・執行役・重要な使用人・自然人たる親会社等の，配偶者または2親等内の親族でないことが追加された（2条15号ホ）。取締役等の一定の近親者は社外取締役になることができないものとする改正である。

---

8) 東京証券取引所が公表した資料によると，上場会社（市場第一部）のうち，社外取締役を置く会社の比率は74.3％，社外取締役たる独立役員を置く会社の比率は61.4％に達するという。東京証券取引所「東証上場会社における社外取締役の選任状況〈確報〉」（2014年7月25日）。なお，金融庁・東京証券取引所を共同事務局として設置された「コーポレートガバナンス・コードの策定に関する有識者会議」が公表した同コードの原案（平成27年3月5日）においては，上場会社は，独立社外取締役を2名以上選任すべきものとされている（原則4-8）。同コードの策定に伴い，東京証券取引所において，上場規則により所要の制度整備が行われることとなる。東京証券取引所「コーポレートガバナンス・コードの策定に伴う上場制度の整備について」（2015年2月24日）。

以上の社外性要件の加重は，社外監査役についても同様に行われた（2条16号ハ〜ホ）。

以上のほか，中間試案では，社外性要件として，重要な取引先の関係者でないことを追加することが検討課題とされていたが（第1部第1の3(1)（注2）），重要な取引先の範囲を明確に定めることが困難である等の理由から，要綱段階で，重要な取引先の関係者でないことは社外性要件とはされないこととなった（第1部第1の2(1)）[9]。

(2) 改正法の下での社外性要件の考え方

改正法の下では，以上のように社外性要件がかなり複雑なものとなったが，それは，社外性要件に3つの異なる観点が混在することとなったからである。

第1に，改正前から存在した要件（業務執行取締役・使用人でない等）は，実効的な監督を期待するためには，監督にあたる者は，監督を受ける者と同一であってはならず，かつ監督を受ける者に従属する者であってもならないという観点から設けられたものである。改正前の社外性要件は，専らこの観点からのみ組み立てられていた。

第2に，前記①の親会社等の関係者は，監督を受ける代表取締役等からの独立性が乏しいとは言えないが，会社と親会社等との利益が衝突する場面では，会社でなく親会社等のほうの利益を追求するおそれがある。社外取締役は，利益衝突のある場面では，純粋に会社の利益だけを考えて行動できる者が望ましいという観点から，親会社等の関係者が除かれる。前記③のうち，自然人たる親会社等の配偶者または2親等内の親族は，当該親会社等と利害を共通にするので，やはり社外取締役から除かれる。前記②の兄弟会社の関係者は，中間試案段階ではその扱いが検討課題とされていたが（第1部第1の3(1)（注1）），要綱段階で，親会社等の関係者と同様の理由から，社外取締役から除かれることとなった（第1部第1の2(1)②）。

---

[9] 岩原・前掲注2)14頁。

第3に，前記③のうち，取締役・執行役・重要な使用人の配偶者または2親等内の親族でないという要件は，監督を受ける者と経済的利益を共通にする者が監督をするのは適切でないという観点から設けられたものであるが，ここにはさらに，監督を受けるべき者の側に注目し，業務執行の中枢に近く，取締役会による監督の必要性が高いかという観点も加味されている。取締役会による監督を直接に受けるかどうかを問題にするので，使用人については，重要な使用人，すなわち取締役会で直接選解任すべき，支配人などの使用人（362条4項3号）に限っているものと考えられる[10]。

2．社外性要件の緩和

社外取締役は，子会社を含め，業務執行取締役・執行役・使用人でない者でなければならないが，改正により，過去要件については，就任の前10年間だけを対象とすることとなった（2条15号イ）。中間試案（第1部第1の3(2)）・要綱（第1部第1の2(2)）からの変更はない。

改正前には，過去に一度でも使用人等になったことがあれば，それだけで社外取締役になる資格を失うこととなっていたが，それは厳しすぎると考えられた。もっとも，この10年の冷却期間は，子会社を含め，取締役・会計参与・監査役でなかったことを要し（2条15号ロ），例えば業務執行取締役が退任ののち監査役に就任して10年経過しても，社外取締役になることはできない。

社外監査役についても同様に要件が緩和された（2条16号イ・ロ）。

3．責任限定契約を締結できる者の範囲の拡大

改正により，会社は，取締役（業務執行取締役・執行役・使用人を除く）・監査役との間で，責任限定契約を締結できることとなった（427条1項）。

---

[10] ここにいう「重要な使用人」は，取締役会で選解任すべき「重要な使用人」（362条4項3号）より狭く，執行役員のような経営者に準じる者だけを指すという解釈も示されている。岩原・前掲注2)13頁，江頭・前掲注6)385頁注5。しかし，「重要な使用人」として「支配人」を例示する改正法（2条15号ホ）の文言の下では，この解釈には無理があるのではなかろうか。

この改正は，もともとは，前記のように社外性要件を厳格化する結果，それまで責任限定契約を利用できていたにもかかわらず，利用できなくなる者が出てくることに対処するための措置として考え出されたものであったが，そもそも，業務執行に関与しない者であれば責任限定契約を利用できるものとして差し支えないと考えられることから，この機会に，責任限定契約を利用できる者の範囲を拡大し，社外取締役・社外監査役でなくても責任限定契約を利用できることとしたものである。中間試案（第1部第1の3(3)）・要綱（第1部第1の2(3)）からの変更はない。

Ⅳ．監査等委員会設置会社制度

1．名称

　改正により，監査役・指名委員会・報酬委員会を置かず，社外取締役が過半数を占める監査等委員会が監査等を担う制度が創設された。

　要綱では，この新たな機関形態の会社の名称について，仮称として「監査・監督委員会設置会社」とされていた（第1部第1の1）。新たな委員会が，監査役または監査委員会のような「監査」を行うだけでなく，同委員会の委員以外の取締役の選任等および報酬等について意見陳述権を有すること（後記 **2**(**2**)）を考慮し，「監査・監督」とされていたものと考えられる。しかし，新たな委員会は，意見陳述権を通じて人事と報酬に関与するとはいっても，代表取締役等の解職権限まで有するわけではなく，「監督」という呼称はふさわしくないと考えられ，法案段階で「監査等委員会設置会社」という名称に改められた（2条11号の2）[11]。監査「等」とされたのは，新たな委員会が意見陳述権を通じて人事と報酬に関与し，「監査」を超える役割を果たすからである。なお，従前の「委員会設置会社」は，新たな監査等委員会設置会社との紛れをなくすため，「指名委員会等設置会社」という名称に変更された（2条12号）。

---

11) 岩原ほか・前掲注7)20頁［坂本三郎発言］。

2. 制度の概要および争点になった事項

　監査等委員会設置会社の制度は，社外取締役をより活用しやすくするための方策として考案された機関形態であり，指名委員会等設置会社と監査役会設置会社とのいわば中間に位置する存在として設計された。すなわち，指名委員会等設置会社のほうから見れば，これが使われない実情を考慮して，3つの委員会をセットで置くことを要求せず，監査委員会にほぼ相当する監査等委員会だけで足りることを意味する。監査役会設置会社のほうから見れば，従来の監査役に取締役会での議決権を与えることにし，その者を監査等委員と呼ぶこととした姿に，実質的には近い形態となる。

　監査等委員会設置会社の制度の仕組みは，基本的には中間試案段階（第1部第1の2）から変更はないが，同制度の基礎に関わる事項，および審議の過程で特に争点となった事項を取り上げておきたい。

（1）監査等委員会の構成等

　監査等委員会は，指名委員会等設置会社の監査委員会と同じく，監査等委員3名以上で構成され，過半数は社外取締役でなければならない（331条6項）。監査等委員会の構成に関連して，中間試案では，常勤の監査等委員を選定すべきかどうかが検討課題とされていたが（第1部第1の2(2)⑤（注）），要綱段階で，常勤者は不要とされた（第1部第1の1(3)）[12]。監査等委員会は，指名委員会等設置会社の監査委員会と同様，内部統制システムを利用した組織的な監査を行うことが想定されており，常勤者がいなければ十分な情報収集が不可能になるとは言えないからである。

　監査等委員は，他の取締役と区別して株主総会決議で選任し（329条2項），その報酬等も，他の取締役とは区別して株主総会決議（または定款）により定める（361条2項）。代表取締役等からの独立性確保を監査役と同様の形で図るた

---

[12] 審議の経緯について，岩原・前掲注2)6頁参照。

めである。

(2) 監査等委員会の権限

監査等委員会が選定する監査等委員は,監査等委員以外の取締役の選任・解任・辞任および報酬等について,株主総会において監査等委員会の意見を述べることができる(342条の2第4項・361条6項)。監査等委員会設置会社には,指名委員会・報酬委員会が存在しないため,監査等委員以外の取締役の独立性確保が難しくなるところ,それを補うための工夫として,選任等と報酬等について,監査等委員会に意見陳述権を与えることとしたのである。

また,取締役の利益相反取引について,中間試案では,監査等委員会の承認があれば,任務懈怠の推定規定(423条3項)を適用しないものとするかどうかが検討課題とされていたが(第1部第1の2(2)④(注2)),要綱段階で,同委員会の事前の承認があれば同規定を適用しないこととなった(第1部第1の1(4)⑨)。監査等委員会は代表取締役等からの独立性が確保され,代表取締役等の職務執行を監査するのには適しているが,利益相反取引の相手方から独立しているという制度的な保障はなく,利益相反取引一般について,監査等委員会が特に審査に適しているという直接の関係はないことから,任務懈怠の推定規定を外すことに懸念がないではない[13]。しかし,問題は立証責任だけのことであり,監査等委員が利益相反取引に利害関係を有する等の場合には,裁判所は同委員会の判断を尊重しないと考えられること,この新たな機関形態の利用促進を図るのが望ましいことなどの理由から,要綱のような改正となった(423条4項)[14]。

(3) 取締役会の権限

取締役会が代表取締役等に意思決定を委任できる事項の範囲について,中間試

---

13) 前田雅弘「監査役会と三委員会と監査・監督委員会」江頭憲治郎編『株式会社法大系』(有斐閣,2013年)274頁。
14) 岩原・前掲注2)8頁,江頭・前掲注6)575頁。なお,規定の文言には盛り込まれなかったが,承認は,要綱どおり「事前に」行われることを要すると解釈すべきであろう。

案段階では検討課題とされていたが（第1部第1の2(4)（注1），（注2）），要綱段階で，指名委員会等設置会社と実質的に同等の広範な決定権限の委任が認められることとなった（第1部第1の1(6)⑤，⑥）。具体的には，第1に，取締役の過半数が社外取締役である場合には，広範な意思決定の委任が認められる（399条の13第5項）。この場合は，指名委員会等設置会社よりもさらに取締役会の独立性は高いと考えられるので，権限委譲を認めることに問題はない。第2に，定款で定めれば，やはり広範な意思決定の委任が認められる（399条の13第6項）。監査役設置会社では，定款をもってしても重要な業務執行の決定まで代表取締役等に委任することは認められていないのであり（362条4項），指名委員会・報酬委員会を欠くにもかかわらず，これほどの大きな権限を代表取締役等に与えることに懸念がないではないが[15]，監査等委員会が前記の意見陳述権を有すること，同委員以外の取締役の任期が1年であること（332条3項），監査をする者自身はできるだけ意思決定に関与しないのが望ましいこと，この新たな機関形態の利用促進を図るため経営陣にとって魅力のある制度とすべきことなどの理由から，広範な権限委譲が認められることとなった[16]。

V．会計監査人の選解任等に関する議案の内容の決定

改正により，監査役設置会社における会計監査人の選解任・不再任に関する議案は，監査役会（監査役会のない会社では監査役の過半数）が決定することとなった（344条）。

改正前には，会計監査人の選解任・不再任に関する議案の決定は，取締役会の権限とされ，監査役には同意権および議題・議案の提案権が与えられていたところ，監査を受ける立場にある取締役会に決定権限を付与することは，会計監査人の独立性の観点から問題のあることが指摘されていた。そこで会計監査人の選解

---

[15] 前田・前掲注13)273頁。
[16] 岩原・前掲注2)9頁，江頭・前掲注6)575頁。

任等についての監査役の権限を拡大し，単なる同意権・提案権でなく，決定権限まで与えることとしたものである。なお，報酬等の決定は，財務に関わる経営判断の要素が大きいことが考慮され，取締役会で決定するという規律が維持された（399条）。

中間試案では，選解任・不再任に関する議案および報酬等に関する議案の決定権限の所在を見直すかどうかについて複数の案が提示されていたが（第1部第2の1）[17]，要綱で前記の規律が採用された（第1部第2）。

VI. おわりに

平成17年の会社法制定時には，経営陣に対する監督・監査のあり方という企業統治の中核的な問題について実質的な見直しはほとんど行われなかった。平成13年および同14年の商法改正でこれに関する一定の手当てがなされたため，当分はその成果を注視すべきだと考えられたためである[18]。

今回の改正は，監督・監査のあり方に踏み込んだ見直しとしては，前記商法改正以来の見直しであったところ，社外取締役の設置義務づけは見送られたものの，設置を方向づけるために強力な手当てがなされるとともに社外性要件が厳格化され，さらに従前の機関形態を改良すべく新たな機関形態（監査等委員会設置会社）が導入されたことは，わが国における企業統治の実効性向上のために重要な意義を有するであろう。改正の趣旨を生かした運用がなされていくことに期待したい。

---

17) 審議の経緯について，荒谷・前掲注1)27頁参照。
18) 江頭憲治郎「『現代化』の基本方針」ジュリ1267号（2004年）10頁。

NUMBER 4

資金調達に関する改正

Ⅰ．はじめに

　平成26年会社法改正では，資金調達に関し，主として①支配権の異動を伴う募集株式・募集新株予約権の発行，②出資の履行を仮装した募集株式・募集新株予約権の発行，③新株予約権無償割当てに関する割当通知について見直しが行われた。

Ⅱ．支配権の異動を伴う募集株式・募集新株予約権の発行

1．改正の背景

　募集株式・募集新株予約権（以下，「募集株式等」という）の発行に係る意思決定は，既存株主ないし既存新株予約権者（以下，「既存株主等」という）の利益保護と資金調達の機動性とのバランスの中で規律される。
　改正前の会社法では，定款で株主総会の決議事項を追加（295条2項参照）していない公開会社が公募または第三者割当ての方法で募集株式等の発行を行う場合，発行可能株式総数（37条・113条）の範囲内であり，かつ，有利発行（199条3項・238条3項）でない限り，その意思決定は例外なく取締役会の決議で足りるものとされていた（201条1項・240条1項）。したがって，発行可能株式総数の範囲内ならば発行する株式数に制限はない（新株予約権については113条4項参照）ため，場合によっては株主総会の決議なしに支配権を異動させる

ことができた。こうした枠組みは，主幹事証券会社による買取引受けにも株主総会の特別決議を要するとした下級審の裁判例を打ち消し，資金調達の機動性を確保しようとした昭和41年の商法改正を踏襲するものであった[1]。

ところが，こうした法の間隙をぬって，既存株主の経済的利益を希釈化させる大量の募集株式等の発行が買収防衛等の場面でしばしば行われ，とりわけ2000年頃より内外の投資家から不評を買うようになった[2]。2007年9月には，株式会社モックが10株を1株とする株式併合により発行済株式総数を圧縮した上でファンドを割当先として大量に新株予約権を発行した。このケースは有利発行だったため，株主総会の決議は行われたものの，新株予約権が行使されるといきなりファンドが筆頭株主になる内容だったため，東京証券取引所（以下，「東証」という）は「市場を混乱させるおそれがある」として注意喚起した。

こうした事態を受けて，東証は，2009年8月24日に有価証券上場規程を一部改正し，第三者割当てによる新株等の大量発行について規制を加えた。すなわち，第三者割当増資を行う場合で，希薄化率が25％以上となるとき，または，支配株主が異動する見込みがあるときは，緊急性が極めて高い場合を除き，経営者から一定程度独立した者による当該割当ての必要性および相当性に関する意見を入手するか，株主総会決議等を通じて株主の意思を確認することが求められた。しかし，上場規程による規制は，違反すれば上場廃止になるといった制裁はあるものの，直ちに会社法上の効力に影響するわけではないため，会社法の改正を求める声は消えなかった。

---

1) 戸川成弘「新株発行」浜田道代先生還暦記念『検証会社法』（信山社，2007年）283頁。
2) 2004年にはベルシステム24が敵対的買収者からの役員改選提案を阻止するために大量に新株を発行したが，事業提携等の必要性が主要目的と認められ，差止請求が退けられる事件が起こった。2006年には，日本航空が株主総会の直後に発行済株式総数を4割近く増加させる大型公募増資を実施し株価の下落を招いた。2007年10月には，オートバックスセブンが，バージン諸島籍のファンド2社に大量の新株予約権付社債を発行することを決議したが，ファンドからの払込みがなされなかったにもかかわらず払込完了のプレスリリースを出して市場を混乱させた。2008年2月には，住友金属鉱山が三井住友銀行から融資を受ける見返りとして新株予約権を発行する「新株予約権付きローン」を組んだのに対し，東証はメインバンクによる権限濫用の危険性が高まるとして弊害を指摘した。

この問題については金融庁も強い関心を示し，金融審議会金融分科会「我が国金融・資本市場の国際化に関するスタディグループ」で議論を重ね，2009 年 6 月 17 日に公表された「上場会社等のコーポレート・ガバナンスの強化に向けて」と題する報告書でも問題提起が行われた。これを受けて，同年 12 月 11 日には内閣府令が一部改正され（同日から施行され，2011 年 2 月 1 日以後に提出する有価証券届出書から適用されている），第三者割当増資を行う企業は，有価証券届出書に発行価額の算定根拠および発行条件の合理性に関する考え方や大規模な第三者割当ての合理性などを記載することが求められた（平成 21 年内閣府令第 73 号）。なお，2009 年頃より，流通市場における不公正な取引に利用することを目的として，経営不振に陥った「箱企業」に大量の新株等を第三者割当ての方法で発行させる「不公正ファイナンス」が横行し始めたことから，証券取引等監視委員会は偽計取引にあたるとして告発を続けた[3]。しかし，この「不公正ファイナンス」は，新株等の発行それ自体に問題があるというよりは，それを手段とする一連のからくりに問題があるため，金融商品取引法に基づく証券取引等監視委員会の取締りに委ねざるを得ない面が多く，会社法の改正論議への影響は間接的であった。

2．従来の立法論

大量の第三者割当増資については，かねてより株主総会の決議を要求する立法論が展開されていた。会社の支配権の所在を取締役会が決めるのは，株式会社における機関の権限分配秩序に照らして不合理であるから，株主間の争いの有無や取締役の介入の意図にかかわらず一定比率以上の新株発行には株主総会の決議を要求すべきだという見解[4]や，支配権の異動を伴う新株発行は支配株主が有していた財産的利益（支配権プレミアム）を侵害するものであるから株主総会の決議を要求すべきだとする見解[5]，意に反して支配権を失うリスクを認めると投資の

---

3) 佐々木清隆「不公正ファイナンスへの対応（その 1）（その 2）」会計・監査ジャーナル 658 号 112 頁・659 号 77 頁（2010 年）。
4) 森本滋「新株の発行と株主の地位」論叢 104 巻 2 号（1978 年）20 頁以下。

インセンティブを損なうことから，株主総会の決議を要求すべきだとする見解[6]などが提唱されてきた。

具体的な提案としては，組織再編の際に株主総会決議を不要とする簡易組織再編の基準を参考に，募集株式数が自己株式を除いた発行済株式総数の20%を超えるような新株発行には株主総会の決議が必要だとする見解[7]や，希釈化率25%以上の新株発行については株主総会の普通決議を，希釈化率100%以上の新株発行については株主総会の特別決議を要求する見解などが提唱されていた[8]。

法制審議会も2001年4月18日に公表した「商法等の一部を改正する法律案要綱中間試案」において，「株主以外の者に対して，発行済株式の総数の一定の比率（例えば，5分の1）を超える新株を発行するとき」には株主総会の特別決議を要求する案が意見照会された（試案1(1)二）。しかし，意見照会の結果，反対意見が多数を占めたため，その後の改正論議では検討項目に挙げられないまま今回の改正を迎えた。

3．制度設計上の争点

(1) 規律の対象とすべき発行比率

従来の立法論では，支配権の異動を伴わない場合でも一定比率の募集株式が発行される場合には株主総会の決議を要求すべきだという意見が多かった。部会でも，引受人が総株主の議決権の3分の1を超える数の議決権を有することになる場合には，実際上，当該引受人が当該公開会社を支配することになることから3分の1を基準とすべきとの意見があり[9]，中間試案に対する意見照会でも，株

---

5) 森淳二朗「株式価値の法的解釈〈その1〉――新株の発行価額の基本問題（3・完）」民商83巻1号（1980年）49頁以下。
6) 宍戸善一「会社支配権と私的財産権：第三者割当増資再論」江頭憲治郎先生還暦記念『企業法の理論（上）』（商事法務，2007年）379頁以下。
7) 明田川昌幸「公開会社における株式および新株予約権の発行規制について」江頭先生還暦記念・前掲注6)351頁。
8) 洲崎博史「公開会社（上場会社）における資金調達法制」大証金融商品取引法研究会4号（2011年）89頁，107頁。

主総会決議を求める立場の中では3分の1に適用範囲を広げることに賛成する意見が多数を占めた[10]。しかし，経済界は，資金調達の機動性を害することへの懸念から株主総会決議を要求すること自体に強く反対したことから，今回の改正では，支配権の異動を伴う場合に限定されることになった。わが国における株主の実態からして，株主総会が資金調達の適正性に対するモニタリング機能を十分に果たせるとは期待しにくい以上，今回の改正には一定の合理性があると思われる[11]。

(2) 募集株式の総数引受けの取扱い

公募増資の場合には，主幹事証券会社が契約に基づいて総数引受け（205条1項・206条2号）を行った上で，それを投資家に売り捌くのが一般であるため，株式の大量発行が行われるときは総数引受けを行った証券会社に支配権が異動することになる。そこで，この場合も規制の対象にすべきか否かが問題となる。部会においては，証券会社への支配権の異動はあくまでも一時的な現象にすぎないとの立場から規制するのは過剰だとの意見もあったが[12]，これを規制の対象外にすると，総数引受けを行った証券会社が特定の投資家に大量に売り捌くことで，容易に規制の潜脱ができることから[13]，適用除外としないことになった。したがって，募集株式に係る206条の2にいう「引受人」の概念には，205条の場合が含まれる。また，募集新株予約権の場合には，244条の2第1項の中で，募集新株予約権の割当てを受けた申込者または総数引受契約により募集新株予約権の総数を引き受けた者を「引受人」と呼ぶことを明記している。

---

9) 部会第21回会議（平成24年6月13日開催）議事録35頁［静正樹委員発言，田中亘幹事発言］。
10) 坂本三郎ほか「『会社法制の見直しに関する中間試案』に対する各界意見の分析(中)」商事法務1964号（2012年）16頁。
11) 久保田安彦「第三者割当て」商事法務2041号（2014年）26頁，28頁。
12) 部会議事録・前掲注9)38頁［栗田照久幹事発言］。
13) 部会議事録・前掲注9)40頁［坂本三郎幹事発言］。

（3）株主総会決議の要求方法

中間試案では、支配権の異動を伴う募集株式等の発行について、原則として株主総会の普通決議を要求するが、総株主の議決権の100分の3以上の議決権を有する株主が一定期間内に異議を述べない限り、取締役会の決議によって株主総会の省略を認める旨の定款の定めを容認するA案と、総株主の議決権の4分の1を超える数の議決権を有する株主が一定期間内に当該募集株式の発行等に反対する旨を通知した場合には、株主総会の普通決議を要求するB案とが提案されていた（第1部第3）。原則と例外に違いがあるものの、実質的には、株主総会の普通決議を要求できる株主の議決権の割合を、100分の3以上とするか4分の1以上とするかの違いとみることのできる提案だったが、前者では少なすぎ、後者では多すぎるとの批判があったことから、今回の改正では10分の1の線で区切ることになった（後記**4**参照）。また、A案もB案も、一定割合の議決権を有する株主が株主総会の開催を要求すると、いくら資金調達に緊急性があっても株主総会を開催することが必要になっていたが、今回の改正では、総株主の議決権の10分の1を超える議決権を有する株主が要求しても、緊急性がある場合には株主総会の決議を省略できることにした（後記**4**参照）。

4．改正内容

今回の改正で新設された206条の2および244条の2は、公開会社が募集株式等の割当てを行うことによって支配権が異動する場合についての特則である。

支配権が異動する場合とは、募集株式の場合は、①当該募集株式の引受人（その子会社等を含む）がその引き受けた募集株式の株主となった場合に有することとなる議決権の数の、②当該募集株式の引受人の全員がその引き受けた募集株式の株主となった場合における総株主の議決権の数に対する割合が2分の1を超える場合をいい（206条の2第1項）、募集新株予約権の場合は、①当該募集新株予約権の引受人（その子会社等を含む）がその引き受けた募集新株予約権に係る交付株式（募集新株予約権の目的である株式、取得条項付新株予約権の取得の際に交付される株式その他募集新株予約権の新株予約権者が交付を受ける株式として法務省令で定める株式。244条の2第2項、会社則55条の3）の株主となっ

た場合に有することとなる最も多い議決権の数，②その場合における最も多い総株主の議決権の数に対する割合が2分の1を超える場合をいい（244条の2第1項），これらに該当する募集株式等の引受人を「特定引受人」と呼ぶ。会社法は，持株比率が2分の1を超えない場合でも実質基準の適用により親会社等に該当するとしているが（2条4号・4号の2，会社則3条の2），206条の2および244条の2では，規律の明確化を図るために形式基準のみが用いられている。支配権が「異動」する場合の規律であることから，特定引受人がもとより当該公開会社の親会社等である場合は適用対象外である（206条の2第1項柱書ただし書・244条の2第1項柱書ただし書）。なお，202条・241条に基づいて株主に割当てを受ける権利を与える場合でも，すべての株主がこの権利を行使して募集株式等の引受人になるとは限らないため，結果として支配権の異動が生ずる可能性はあるが，株主の利益を守る機会は均等に提供されているので，この場合も適用除外となる（206条の2第1項柱書ただし書・244条の2第1項柱書ただし書）。

　改正法によれば，公開会社は，まず株主に対して，払込期日（払込期間を定めたときはその初日）の2週間前までに，特定引受人の氏名または住所・特定引受人（その子会社等を含む）がその引き受けた募集株式等の株主となった場合に有することとなる議決権の数等について事前の通知（公告をもって代えることができる[14]）を行い（206条の2第1項柱書本文・2項・244条の2第1項柱書本文・3項）[15]，これを受けて，総株主の議決権の10分の1以上を有する株主が当該特定引受人による募集株式等の引受けに反対する旨を通知したときは，当該公開会社は，払込期日（または払込期間の初日）の前日までに，株主総会の普通決

---

[14] 当該公開会社が振替株式の発行会社が当該振替株式の株主またはその登録株式質権者に対して通知する場合には（すなわち，例えば上場会社が発行する非上場の優先株式などのような振替株式でない株式の株主またはその登録株式質権者に通知する場合を除き），公告への代替が強制される（社債株式振替161条2項）。

[15] 当該公開会社が払込期日（または払込期間の初日）の2週間前までに金融商品取引法4条1項から3項までの届出をしている場合その他の株主の保護に欠けるおそれがないものとして法務省令で定める場合は，通知または公告は不要となる（206条の2第3項・244条の2第4項，会社則42条の3・55条の4）。

議（ただし，定款をもってしても最低3分の1の定足数は要求される。206条の2第5項・244条の2第6項）によって募集株式の割当て等の承認を受けなければならないことになった（206条の2第4項・244条の2第5項）[16]。こうした定足数の下限を伴う普通決議の要件を採用したのは，会社の経営を支配する者を決定するという点で，取締役の選任の決議と類似する面があるとの配慮に基づくものであるが[17]，公開会社における募集株式等の発行に際し特別決議が要求される有利発行の場合（199条2項・238条2項・309条2項5号・6号）に比べ，既存株主の保護が一段低いものとされている点に留意する必要がある。

ただし，「当該公開会社の財産の状況が著しく悪化している場合において，当該公開会社の事業の継続のため緊急の必要があるとき」は，10分の1以上の議決権を有する株主からの要求があっても株主総会を開催する必要はない（206条の2第4項ただし書・244条の2第5項ただし書）。

5．解釈上の問題点

今回の改正法については，解釈上の論点がいくつか残されている。

まず，その適用対象に関し，新たに発行する株式等の数が大量であっても複数の引受人に分散して発行されれば，支配権の異動は生じないため，株主総会の決議は要求されないことになるが[18]，分散が形式的で規制の潜脱であると認められる場合には，実態をみて，そのうちの1人を特定引受人と解すべきだろう。

次に，株主総会の決議が不要となる例外規定の文言に関し，要綱では「存立を維持するため」と表現されていた部分が「事業の継続のため」と改められた点をどのように解するかが問題となるが，この点は，意味内容に変更はないものと解すべきだろう[19]。したがって，緊急に募集株式等の発行を行わなければ資金が

---

[16] 当初予定していなかった株主総会を開くことになった場合には，取締役会で払込期日を変更することが必要となるほか，上場会社の場合は有価証券届出書の訂正も必要となるため，実務上はスケジューリングが重要となる。詳細は，野村修也＝奥山健志編著『平成26年改正会社法——改正の経緯とポイント〔規則対応補訂版〕』（有斐閣，2015年）169頁参照。
[17] 坂本三郎編著『一問一答　平成26年改正会社法』（商事法務，2014年）133頁。
[18] 部会議事録・前掲注9）40頁〔内田修平関係官発言〕。

ショートして手形の不渡りを出すなど，企業の存立が危ぶまれる場合を意味するのであって，単に事業計画が達成できないといった程度の必要性では足りないものと考えられる。

さらに，改正法で新設された手続に違反した場合の募集株式等の発行の効力も問題となる。通知・公告の手続に瑕疵があった場合は差止めの機会の保障に問題があることから無効原因になると考えるべきだろう。10分の1以上の議決権を有する株主からの反対通知があったにもかかわらず株主総会の決議を行わなかった場合については見解が分かれるものと予想されるが，かかる反対通知があったことを他の株主が知るのは難しく，また，反対が10分の1に達する時期によっては差止めの期間が著しく短くなる点にかんがみれば，やはり無効原因になるものと考える[20]。

III．仮装払込みによる募集株式の発行等

1．改正の背景

平成17年に会社法が制定されるまでは，預合いが行われた場合，その払込みに効力が認められないことに争いはなく，また，いわゆる見せ金についてもその払込みを無効とするのが通説・判例の立場であった[21]。会社法の制定後は，立法担当官によって預合いによる払込みを有効とする見解が示されたものの[22]，通説は依然として無効説を支持している[23]。

出資の履行が仮装されたまま株式の払込期日ないし払込期間の末日をすぎる

---

19) 坂本編著・前掲注17)134頁(注3)。
20) 山下徹哉「支配株主の異動を伴う募集株式の発行等」法教402号(2014年)21頁，武井一浩=本柳祐介「上場企業の第三者割当をめぐる法制整備の概要」ジュリ1470号(2014年)15頁以下。久保田・前掲注11)29頁以下。
21) 野村修也〔判批〕会社百選〔第6版〕(1998年)20頁，最判昭和38・12・6民集17巻12号1633頁。
22) 相澤哲ほか編著『論点解説　新・会社法　千問の道標』(商事法務，2006年)29頁。
23) 神田秀樹『会社法〔第16版〕』(弘文堂，2014年)52頁など。

と，設立時募集株式や会社成立後の募集株式の引受人は当然に失権すると解することに争いはなかった（63条3項・208条5項）。また，会社設立の際に発起人が設立時発行株式に対する出資の履行を仮装した場合には，失権手続によって失権する（36条）。そこで，失権した株式引受人に割り当てられた株式の効力が問題となるが，会社法制定前の商法（以下，「旧商法」という）では，設立時については発起人が引受担保責任と払込担保責任を負い（旧商法192条），新株発行時には取締役が引受担保責任（旧商法280条ノ13）を負うことになっていたため，当初の引受人が失権しても別の引受人（すなわち引受担保責任を負った発起人ないし取締役）の下で有効に成立するのであって，それゆえ，払込みが仮装であったことは新株発行無効の訴えの無効原因にはならないと解されてきた（最判平成9・1・28民集51巻1号71頁）。

ところが，この引受担保責任という仕組みは，当初の引受人以外の発起人や取締役が所定の手続を経ることなく株主になる可能性を持つ点で批判も多く，会社法では廃止されたため，出資の履行が仮装された場合の株式の効力が不明確な状態に陥った。従来どおり有効説をとった場合，誰の下で株式が成立しているかが明らかではないため，出資が履行される可能性のないまま株式の流通を許す結果となり，有利発行の場合と同様に株式価値の希釈化が生ずる。また，当初の引受人による株式譲渡を有効とすると，出資の履行を仮装した者に不当な利益を得る機会を与える結果となる。他方で，出資が仮装された株式を無効と解しても，いったん市場で売却されてしまうと，当該株式を特定することが困難であるとともに，有効な株式と信じて取得した譲受人を保護する必要性から，事実上，有効と解した場合と同様の問題に直面せざるを得ない。そこで，今回の改正は，こうした出資の履行が仮装された株式について払込みの義務と責任を明確化することによって，問題の解決を図った。

2．改正内容

設立時発行株式，設立時募集株式，会社成立後の募集株式の発行に際して出資の履行を仮装した発起人ないし株式引受人（以下，「仮装者」という）は，それによって失権した後も，株式会社に対し，①金銭出資の場合はその全額を支払う

義務を負い，②現物出資の場合は現物出資財産の全部の給付（株式会社が当該給付に代えて当該財産の価額に相当する金銭の支払を請求した場合は，その全額の支払）を行う義務を負うことになった（発起人につき52条の2第1項。設立時募集株式の引受人の場合は現物出資が認められないため①の義務だけが規定されている〔102条の2〕。募集株式の発行の際の引受人につき213条の2）。これによって株式会社は，出資の履行が仮装された場合には，仮装者に対し，失権後であるにもかかわらず出資を履行させることができるようになったが，そもそも出資を仮装するような者は支払能力が乏しいのが通常であることから，設立時においては出資の履行を仮装することに関与した発起人または設立時取締役として法務省令で定める者に，また，会社成立後の募集株式の発行の場合には出資の履行を仮装することに関与した取締役（指名委員会等設置会社の場合には執行役を含む）に（以下，これらの者を「関与者」という），連帯して責任を負わせることにした（52条の2第2項・103条2項・213条の3第1項）。ただし，仮装者以外の関与者については，その職務を行うにつき注意を怠らなかったことを証明すれば責任を免れることができるものとされている（52条の2第2項ただし書・103条2項ただし書・213条の3第1項ただし書）。仮装者の履行義務および関与者の責任は総株主の同意がなければ免除できない（55条・102条の2第2項・103条3項・213条の2第2項。ただし会社成立後の募集株式の仮装払込みについての関与者の責任に限っては免除の制限は設けられていない）。関与者の責任が株主代表訴訟の対象であることは性質上明らかであるが，仮装者の履行義務もその対象であることが847条1項に明記された。

　関与者の責任は，仮装者の払込み義務を補完するものであって，かつての引受担保責任とは異なり，それを履行しても関与者が株主となるものではない。つまり，仮装者の履行義務や関与者の責任が果たされるまでは，仮装者は，その仮装した株式について，株主としての権利を行使できないが（52条の2第4項・102条3項・209条2項），仮装者は，自ら履行義務を果たした場合のみならず，関与者が責任を果たした場合にも，その後は株主としての権利を行使できる点に留意する必要がある。

　出資の履行が仮装された募集株式を譲り受けた者は，仮装者の履行義務や関与

者の責任が果たされていない場合でも，出資の履行が仮装されていることについて善意無重過失である限り，株主権を行使することができる（52条の2第5項・102条4項・209条3項）。出資の仮装された株式を流通後に特定するのは困難であり，また，外観上も区別がつかないことから，譲受人の保護を図る必要があるからである。

なお，改正法は，募集新株予約権の発行についても，その割当時に246条1項の規定による払込み等が仮装された場合と，権利行使時に281条に基づく払込みないし給付が仮装された場合について，募集株式の発行の場合と同じ規律を新設した（286条の2・286条の3）。

3．解釈上の問題点

① 発起人が出資を仮装した場合の法律関係

発起人が出資を仮装したが失権手続がとられていない場合，当該発起人が出資の履行義務を負担し続けることは当然であるが，この場合でも52条の2第1項の規定は適用されるのだろうか。それを否定すれば，文言上，同条2項以下に定める関与者の責任等の規定が適用されないことになり不都合であるから，同条1項は，発起人が負担している出資の履行義務を明確化したもの（とりわけ2号括弧書のような会社の請求を正当化するもの）と解するのが妥当である。

② 仮装者の履行義務や関与者の責任が果たされるまでの法律関係

仮装者が発起人以外の場合には，仮装者の履行義務や関与者の責任が果たされるまでの法律関係をどのようなものと解するかが問題となる。従来の通説では，出資の履行が仮装された場合も，払込期日ないし払込期間中に払込み（63条3項）ないし出資の履行（208条5項）をしなかったものと解し，仮装者は当然に失権するものと解してきた。そのため，今回の改正法では，既に失権した者に出資の履行義務を課すことや，仮装者や関与者が責任を果たすことで株式が有効になることについて，理論的に説明することが難しいといった問題がある。また，それらの責任が果たされる前の譲受人が，善意無重過失である限り，株主権を行使できるとされているが，その者は一体どのような権利を譲り受けたことになるのかも不明である[24]。

この点については，出資の仮装がされた場合，出資の効力は否定されるとしても[25]，63条3項や208条5項との関係では「外形上」払込みないし出資の履行があった点にかんがみ，仮装者は当然に失権するものではない（発行された株式は有効である）と解すれば説明がつく[26]。つまり，仮装者は，上記①で述べた発起人の場合も含めて，依然として出資の履行義務を負担していると解し，改正法は，それを明確化したにすぎず，また，関与者の責任は会社法制定前の「払込担保責任」と同様のものと位置づけるわけである。この立場では，仮装者は適法な株主ということになるが，一種の制裁を課すとともに，仮装者の履行義務や関与者の責任が果たされることを促すために，それらが履行されるまでは株主権は行使できないものとしたと説明することになるだろう。また，譲受人は，有効な株式を譲り受けたのであるから，仮装者の履行義務や関与者の責任が果たされるか否かとは無関係に株主権が行使できるのは当然ということになるが，悪意の者や善意だが重過失のあった者までは保護する必要がないため，仮装者と同様の制約を課されると説明できる。

Ⅳ. 新株予約権無償割当てに関する割当通知

1. 改正の背景

　2008年9月のリーマンショック以降，わが国の企業は，財務体質の強化のために公募増資を活発化させた。その背景には，バブル崩壊後に有利子負債の圧縮に苦しんだ事業会社が同じ轍を踏まないために直接金融へとシフトしたことや，2013年から段階適用されるバーゼルⅢ（新たな自己資本比率規制）で自己資本

---

24) 江頭憲治郎『株式会社法〔第6版〕』（有斐閣，2015年）112頁注2は，「支払義務を履行すれば株式を取得できる一種のコール・オプションが存在するのみで，株式は未成立」と解している。
25) 出資自体を有効と解する説も考えられるが，新設された仮装者の履行義務や関与者の責任が説明できなくなる点で不都合が生ずる。
26) この立場では，設立時に発起人が出資を仮装した場合も「外形上」は払込みないし出資の履行があった点にかんがみ，36条の適用上は「出資の履行をしていない」場合にはあたらず，失権手続の対象外と解することになる。

に占める普通株の割合が重視されることに備えて，銀行が増資を活発化させたという事情があった。その結果，2009年に上場企業が行った増資の総額は6兆円を超えた。バブル後最高だった1999年が4兆円超だったことからすると，その規模がいかに大きかったかがわかる。

　しかし，こうした動きに対し，投資家（既存株主）からは，長年にわたる株価の低迷と相まって，増資に伴う経済的利益の希釈化への不満の声が上がった。そこで，こうした問題を回避する方策として注目されるようになったのが，欧米やアジアの市場で実施されているライツ・オファリングだった。これは，新株予約権（ライツ）の無償割当てを利用した株主割当増資で，既存株主の持株比率に応じて与えられる新株予約権を行使する形で株式を取得する方法である。株主に割当てを受ける権利を与えて募集株式を発行する方法（202条）に類似しているが，割当てを受ける権利は譲渡できないのに対し新株予約権は原則として譲渡可能であるため，募集株式を取得する意思のない株主は，新株予約権を譲渡することで，経済的利益の希釈化を埋めることが可能となる。

　そこで，ライツ・オファリングを普及させるために，様々な制度改正が行われてきた。既に述べたように，ライツ・オファリングの鍵は，株主割当てのために発行された新株予約権が上場され，流通可能な状態に置かれることにあるが，2009年に東証の有価証券上場規程施行規則が改正されるまでは，そこに大きな問題があった。すなわち，会社法では1個未満の新株予約権を無償割当てすることはできず，また，従来の東証のルールでは，株主割当てに伴う新株予約権を上場するためには，1個の新株予約権に対して1個の株式が与えられるタイプである必要があったことから，ライツ・オファリングは，発行済株式総数を2倍以上にする場合にしか使えないという問題があった。そこで東証は，上述のように改正して，複数の新株予約権に1個の株式が与えられるタイプのものを許容した。また，2010年には，株主割当ての場合に有価証券報告書の効力発生期間を25日とする特例をライツ・オファリングには適用しない旨の開示府令（企業内容等の開示に関する内閣府令）の改正や，総株主通知の手続期間を短縮するなどといった証券保管振替機構の手続改正が行われた。さらに，2011年には，ライツ・オファリングの際の目論見書の作成および株主全員に対する交付を不要

053

とする金融商品取引法の改正が行われた。また，同年には，米国 SEC による Form-F4 規制を回避するために，特定外国人を新株予約権の付与対象から外すことが株主平等の原則に違反しないとする意見が，金融庁によって取りまとめられた。さらに東証は，2011 年の金商法改正を踏まえ，2012 年に上場規程等を改正し，新株予約権無償割当てに係る発行登録書の提出等を適時開示事由に含める等の措置を講じた。

　これを受けて，2010 年 3 月以降，わが国でも新株予約権を用いたライツ・オファリングの実施事例が現れ始めた。ライツ・オファリングは，行使しない新株予約権を会社が買い取り，それを証券会社に一括して譲渡した上で，証券会社が新株予約権の行使によって取得した株式を市場で売却するコミットメント型と，証券会社を関与させず，行使されない新株予約権を失効させるノンコミットメント型とに分けられる。発行会社にとって予定どおりの資金が調達できるのはコミットメント型であるが，証券会社の審査が厳しくなるため，これまでの発行事例ではノンコミットメント型が多数を占めている。中には発行会社が不採算企業であることが問題視されたケースもあるが[27]，ライツ・オファリングの実施に平均 2.5 カ月程度を要する現状では，証券会社は，その間の株価下落リスクを意識して，コミットメント型に対して抑制的にならざるを得ないといった問題がある。そうした中で，新株予約権の無償割当てにおける割当通知について，改正前の 279 条 2 項が，権利行使期間の初日の 2 週間前までに株主および登録株式質権者に到達することを要求していることについて合理化を求める声が上がった。

27）ノンコミットメント型ライツ・オファリングを利用すれば，他の方法では資金調達が難しいような不採算企業でも資金調達が可能となる背景には，ノンコミットメント型ライツ・オファリングの構造的特殊性が潜んでいる。すなわち，ノンコミットメント型の場合には増資に合理性がない新株発行が紛れ込んでくるが，その場合でも，新株予約権の割当てを受けた株主は新株予約権を市場で売却すればよく，他方で，新株予約権の市場価格がその理論価格よりも割安であれば，利鞘を稼ぐためにそれを譲り受けて権利を行使する者が出てくるため，ライツ・オファリングが成立してしまうというわけである。そのほか，ライツ・オファリングが抱える構造的な問題点としては，権利行使価格を低く設定すると，希釈化を恐れる株主に払込みの強制効果が働くことも指摘されている。この点につき，洲崎博史「ライツ・オファリング」商事法務 2041 号（2014 年）14 頁以下参照。

なぜなら，通知の印刷・郵送等に2週間から3週間を要することから，2週間前に通知するとなると，株主確定日から権利行使期間の初日までに約1カ月程度が必要になるからである。

2．改正内容

今回の改正では，新株予約権の無償割当てにおける割当通知は，権利行使期間の初日の2週間前ではなく，権利行使期間の末日の2週間前までに行えばよいことになった（279条3項）。新株予約権者に権利行使の準備期間を与えるという趣旨からすれば，これで十分と考えられるからである。他方で，登録株式質権者に対する割当通知は，新株予約権の無償割当てによって株主の権利内容に変更が生じたことを登録株式質権者に知らせるといった機能も果たしていることから，新株予約権の効力発生日後遅滞なく行われることが必要となる。そこで，改正法では，株式会社は，新株予約権の割当ての効力発生の日（278条1項3号）後遅滞なく，株主および登録株式質権者に対し，当該株主が割当てを受けた新株予約権の内容および数等を通知しなければならないものとした上で（279条2項），当該通知が新株予約権の行使期間（236条1項4号）の末日の2週間前までにされることを確保するため，新株予約権の行使期間の末日が当該通知の日から2週間を経過する日より前に到来するときは，当該行使期間が，当該通知の日から2週間を経過する日まで延長されたものとみなすことにした[28]。

この改正により，割当通知の印刷・封入・郵送等の業務を権利行使期間の開始日後にずらすことが可能となり，ライツ・オファリングに要する期間が約1カ

---

[28] 割当通知は株主または登録株式質権者に対する通知なので，実際の到達時ではなく，各株主または登録株式質権者に対して「通常到達すべきであった時」に到達したものとみなされる。したがって，権利行使期間の末日の2週間前まで通知されたか否かも，この「通常到達すべきであった時」を基準に判断される。それでもなお2週間に満たない場合には，権利行使期間の延長措置がとられることになるが，この措置は，該当する株主に限って生ずるもので，他の株主には延長の効果は及ばない。そのため，ある特定の株主との関係で権利行使期間が延長されるだけで，権利行使期間そのものに変更はないと考えられることから，新株予約権に係る登記（911条3項12号ロ参照）を変更する必要はない。以上の点につき，坂本編著・前掲注17）154頁参照。

月短縮できることになる[29]。これによって，証券会社が関与しやすくなり，コミットメント型の利用が促されれば，資金調達の合理性を欠いたライツ・オファリングは減少するだろう。しかし，依然としてノンコミットメント型が多数を占めることが予想されることから，東証は，改正会社法の成立後に有価証券上場規程の本則を改正し，ノンコミットメント型ライツ・オファリングに伴う新株予約権の上場基準を定めた。その結果，ノンコミットメント型ライツ・オファリングによって発行された新株予約権を上場するには，①取引参加者による増資の合理性に係る審査か，②株主総会決議などによる株主の意思確認かのいずれかを実施することが必要となった。また，新株予約権の権利行使期間前は裁定取引に必要な貸株の供給が不足する傾向があるため，新株予約権の市場価格が理論価格よりも割安になる傾向があることから，東証は，上場規程を改正し，新株予約権の上場日を権利行使期間の開始日以後にすることにした。

　こうした一連の改正によって，今後は，ライツ・オファリングの健全な活用が促進され，既存株主の利益に配慮した資金調達の実務が確立することを期待したい。

---

29) 野村＝奥山編著・前掲注16)175頁。

親会社株主の保護

Ⅰ．はじめに

　親子会社に関する規律は，平成22年4月から開始した「会社法制の見直し」において企業統治と並ぶ二大テーマの1つであった[1]。要綱においても，親子会社に関する規律は企業統治と並ぶ位置づけがなされている[2]。しかし，企業結合法制の中核と考えられてきた子会社少数株主・子会社債権者の保護に係る提案は規制の導入は見送られ[3]，改正法ではほとんど親会社株主の保護だけが取り上げられることとなった。

　親子会社の問題というと，伝統的には子会社少数株主・子会社債権者の保護の問題であった。ところが平成9年の独占禁止法改正による純粋持株会社の解禁を機に，親会社株主の保護が意識されるようになる。しかし法制度としては，平

---

1) 諮問第91号は，「会社法制について，……企業統治の在り方や親子会社に関する規律等を見直す必要があると思われるので，その要綱を示されたい。」と述べる。なお平成17年の会社法制定の際に，衆議院・参議院法務委員会においてなされた附帯決議においても，政府は，会社法の施行にあたり，「企業結合法制について格段の配慮をすべきである」とされていた。
2) 要綱の構成は，第1部「企業統治の在り方」，第2部「親子会社に関する規律」，第3部「その他」となっている。
3) わずかに親会社等との利益相反取引に係る情報開示の充実を図る法務省令の改正がなされることとされた（要綱第2部第1（第1の後注））。なお「親子会社に関する規律」と題された要綱第2部には，このほか「キャッシュ・アウト」，「組織再編における株式買取請求等」が含まれているが，これらは親子会社法制の問題として通常念頭に置かれるものとは異なる。

成11年の商法改正により，株式交換・移転制度の導入にあわせて親会社株主の子会社の帳簿等の閲覧権（平成11年改正商法263条4項・282条3項），親会社監査役の子会社調査権（同274条の3）が設けられた以外には特に対処されることはなく，会社法制定に際しても新たな制度は加えられていない。今回の改正により親会社の株主保護に係る法規制が初めて本格的に導入されたことになる。

本稿は，要綱第2部第1（「親会社株主の保護等」）で扱われている，①多重代表訴訟，②株式会社が株式交換等をした場合における株主代表訴訟，③子会社を含む企業集団における内部統制，④親会社による子会社株式等の譲渡について順次検討する。紙幅の関係から，制度の網羅的な解説ではなく，改正法の趣旨について理解が分かれそうな点，解釈上の論点，改正が従来の解釈に間接的に与える影響等について，いくつか指摘するにとどめたい。

II．多重代表訴訟

1．総説

子会社役員の責任を追及するために，親会社株主が子会社に代わって責任追及訴訟を提起する多重代表訴訟は，立法論として学説によって提唱されてきた[4]。会社法制の見直し作業においては，その是非が激しく議論されたが[5]，改正法は限定された条件の下でこの制度を導入した。すなわち847条の3は，①最終完全親会社等の株主が，完全子会社に対して子会社役員の責任追及の訴えを提起することを請求し，②請求後60日以内に完全子会社が訴えを提起しない場合には，当該完全子会社に代わって責任追及の訴えを提起することができるとする。

なお改正法の導入した多重代表訴訟は，単純な完全親子会社関係の場合のみならず，完全親子会社関係が何重にも連なる場合，ある会社とその子会社等（株式会社以外の法人も含む）により他の会社のすべての株式を保有する場合等にも適

---

[4] 従来の議論については，岩原紳作「『会社法制の見直しに関する要綱案』の解説(3)」商事法務1977号（2012年）12頁注4とそこに掲げられた文献参照。
[5] 岩原・前掲注4)5頁～7頁。

用されるが[6]，記述の煩雑さを避けるため，以下では完全親会社の株主が完全子会社の役員等の責任追及訴訟を提起する単純な例を前提に叙述する。

2．完全親子会社関係・総資産要件・少数株主権

多重代表訴訟は，①その株式の帳簿価額が完全親会社の総資産額の 5 分の 1 を超える完全子会社[7]の役員の責任（「特定責任」[8]と呼ばれる。847 条の 3 第 4 項）について認められ，②これを提起する権利は，完全親会社の総株主の議決権の 100 分の 1 以上の議決権または発行済株式総数の 100 分の 1 以上の数の株式を 6 カ月間保有する者に与えられる少数株主権である（847 条の 3 第 1 項）。

完全親子会社関係の場合に適用を限定するのは，子会社に少数株主が存在する場合には，当該少数株主による子会社役員の責任追及が期待できるからである[9]。完全子会社株式の総資産額による限定は，株式保有が間接的になる完全親会社株主の受ける影響が小さい場合には，完全親会社株主に役員の責任追及による監督是正の権利を与えるまでのことはないという政策判断であろう[10]。少数株主権とされたのは，審議の最終段階でなされた妥協の性格が強い[11]。

---

[6]「完全親会社等」は，①S 社のすべての株式を有する P 社（完全親会社），②S 社のすべての株式を保有する S′社のすべての株式を有する P 社（さらに多段階に連なってもよい），③自社とその子会社によって S 社のすべての株式を保有する P 社を含む（847 条の 3 第 2 項）。そしてある会社の完全親会社等のうち，一番頂点に立つものを，「最終完全親会社等」と呼ぶ（847 条の 3 第 1 項）。
[7] 総資産要件を満たしているか否かは責任の原因となる事実が発生した時点において判断される（847 条の 3 第 4 項）。
[8]「特定責任」となるためには，責任の原因となる事実が発生した時点において完全親子会社関係が存在していることが要求される。日本法が通常の株主代表訴訟について行為時株主原則をとっていないこととの整合性には疑問があるかもしれない。
[9] 中間試案補足説明第 2 部第 1 の 1(2)ア(ア)。
[10] 中間試案補足説明は，重要な子会社に限定する理由を，実質的に親会社の事業部門の長である従業員にとどまる場合を排除するためとする（第 2 部第 1 の 1(2)ア(イ)）。改正法についてもそう説明されることがあるが（江頭憲治郎『株式会社法〔第 6 版〕』〔有斐閣，2015 年〕501 頁），理論的には疑問が多く（神田秀樹ほか「会社法制の見直しに関する中間試案について」ソフトロー研究 19 号〔2012 年〕136 頁～137 頁〔藤田友敬発言，唐津恵一発言，神田秀樹発言〕参照），親会社株主の受ける影響の大きさによる限定と考えるべきである（前田雅弘「親会社株主の保護」ジュリ 1439 号〔2012 年〕41 頁）。

3. 親会社株主の対抗要件

　通常の株主代表訴訟を提起するためには，株主は会社との関係で対抗要件を備えている必要がある[12]。しかし多重代表訴訟において，提訴請求の相手方となり，不提訴理由の通知義務を負うのは完全子会社であり（847条の3第1項・8項），完全親会社に対して権利行使がなされる関係にはないため（**4** 参照），多重代表訴訟を提起する株主は完全親会社に対する対抗要件を備えている必要はなく，対第三者対抗要件を備えていれば足りることになりそうである。完全親会社が株券発行会社であれば株主名簿の書き換えは不要であり（130条2項）[13]，完全親会社が振替株式の発行会社であれば個別株主通知は不要となる[14]。

　確かに形式論理としては上述のとおりであり，現行法の解釈としては，株主は完全親会社に対する対抗要件を備える必要はないのであろう。しかし，完全親会社株主が一定の場合に子会社役員を訴えることができる例外的制度を作ったところ，親会社本体の役員の責任追及ができない株主がこの制度を利用できる場合があることには違和感もある。いわば一定の局面で親子会社を一体であるかのよう

---

11) 親会社株主のほうが不当な責任追及をする可能性が高いとは当然には言えないので（前田・前掲注10）41頁），濫訴を防止する趣旨であるとは言いにくい。そこで完全親会社株主と完全子会社の関係が間接的であることが理由であると説かれるが（部会第23回会議〔平成24年7月18日開催〕議事録13頁〔塚本英巨発言〕，岩原・前掲注4）6頁，江頭・前掲注10）501頁），支配の間接性と少数株主権との間の理論的結びつきはよくわからない。
12) 株主代表訴訟は役員等を被告とする訴訟であるが，会社に対する提訴請求（847条1項）が前提とされているため，会社に対して権利行使できる株主である必要がある。
13) 完全親会社が振替株式発行会社ではない株券不発行会社の場合には，株主名簿の書き換えが対第三者対抗要件でもあるので（130条1項），完全親会社の株主名簿の書き換えが必要となる。
14) 坂本三郎ほか「平成26年改正会社法の解説(5)」商事法務2045号（2014年）30頁（個別株主通知について）。ただし条文上ははっきりしない面がある。社債，株式等の振替に関する法律154条により個別株主通知が要求される「少数株主権等」は，株主の権利のうち124条1項に規定する権利を除いたものと定義されており（社債株式振替147条4項），子会社に対して行使される権利が含まれるか否かは明確ではない。ただ従前も，社振法の解釈として「少数株主権等」とは株主たる地位に基づく発行会社に対する権利をいうと解釈されてきており（大野晃宏ほか「株券電子化開始後の解釈上の諸問題」商事法務1873号〔2009年〕53頁），それを前提とすれば，多重代表訴訟の提起も「少数株主権等」に該当せず，個別株主通知なしに行使できることになる。

に扱う特則であるのに，対抗要件との関係では，子会社をあくまで第三者であると扱うという一貫性のなさが違和感の原因であろう。もっとも，これまでも親会社株主が子会社の取締役会議事録等（371条5項）や会計帳簿等（433条3項）の閲覧を請求する場合には同様の問題が存在し[15]，今回の法改正が作り出した多重代表訴訟固有の問題ではない。ただ将来的には親会社株主の帳簿閲覧権等とも合わせて，何らかの措置[16]をすることが望ましいように思われる。

4．最終完全親会社の損害

（1）最終完全親会社の損害を要求する趣旨

多重代表訴訟固有の要件として，責任の原因となる事実によって完全親会社に損害が生じていることがある（847条の3第1項2号）。完全親子会社間あるいは同一完全親会社傘下の完全子会社間で不公正な条件の取引がなされた場合のように，完全子会社に損害が生じているにもかかわらず完全親会社には損害が生じない場合に多重代表訴訟による責任追及を認めると，完全親会社株主が不当に利益を得る[17]ことになるために設けられた限定である[18]。しかし，多重代表訴訟が認められない場合について，条文上は「最終完全親会社等に損害が生じていない場合」とだけ規定しているため，様々な解釈の余地が残る。若干の例を検討しよう。

---

15) 大野ほか・前掲注14)参照。
16) 親会社との関係で対抗要件を要求すると同時に，親会社が子会社に対して株主名簿や個別株主通知の内容を伝える義務を負うといった形が考えられる。なおこの問題について，神田秀樹ほか「〔座談会〕平成26年会社法改正の検討」ソフトロー研究24号（2014年）127頁〜130頁参照。
17) なお子会社に少数株主がいる状態で，親子会社間あるいは同一親会社傘下の子会社間で不公正な条件で取引が行われ，子会社の少数株主によって子会社役員の責任が追及され賠償が認められると，親会社株主が不当に利得する可能性がある。しかし，子会社少数株主の受けた被害を株主代表訴訟という制度によって回復させるためには，このような事態が生じるのは仕方がないと割り切るしかない。
18) 株主代表訴訟の本案における損害論で処理できるのではないかとの疑問を提起する見解もあるが（前田・前掲注10)41頁），完全子会社に代わって行う責任追及である以上，完全子会社に損害がある限り，完全親会社の損害の有無にかかわらず損害賠償が認められる可能性はあるように思われる。これは本案の損害論では処理できない問題であり，別途限定する必要がある。

（2）完全親会社の直接損害

847条の3第1項2号の判断にあたって、完全子会社の役員等の行った行為と因果関係がある限り、完全子会社の損害と無関係に生じる完全親会社の損害（例えば企業グループの評判等が傷ついたことによる損害）を考慮してよいとする見解がある[19]。しかし、こういう損害を考慮すると、完全親子会社間あるいは完全子会社間の利益移転のような本号が典型的に想定しているケースですら限定が働かなくなる危険がある[20]。本号との関係で考慮される完全親会社の損害は、完全子会社株式の価値の下落によってもたらされるものに限定すべきである。

（3）完全子会社の債務超過[21]

完全子会社が債務超過の場合であっても、完全親会社の損害は認められる。債務超過会社の株式の価値は、企業活動が継続する限り、ゼロに近づくことはあっても完全にゼロになることはない[22]。役員等が損害を与えることで、わずかであれ完全子会社株式の価値は下がっており、役員等に完全子会社に生じた損害を賠償させることでこれが回復する[23]。

---

19) 山本憲光「多重代表訴訟に関する実務上の留意点」商事法務1980号（2012年）39頁〜40頁。
20) 完全親会社の受けた損害が損害賠償額の上限とされるわけではないので（**5**参照）、こういうケースで損害賠償を認めると、完全親会社の株主が不当に利益を得る可能性がある。なお完全親会社に生じる直接損害については、完全子会社役員は完全親会社株主に対して対第三者責任（429条）を負う余地がある。この問題について、神田ほか・前掲注16)120頁〜122頁参照。
21) この問題については、北村雅史ほか「〔新春座談会〕親子会社の運営と会社法（上）」商事法務1920号（2011年）22頁、山本・前掲注19)、神田ほか・前掲注16)123頁〜124頁参照。
22) 株式は会社資産を原資産、会社の負債額を行使価格としたコール・オプションであり、行使期間が残っている限り（企業が継続している限り）その価値はゼロにはならない。ただし完全子会社について破産手続が開始した場合のように、もはや継続企業という前提が成り立たないときには、債務超過会社の株式の価値はゼロと考えてよく、多重代表訴訟の提起は認められない。たとえ完全子会社の役員に賠償させても、それはすべて完全子会社債権者に分配されるだけで、完全親会社の利益になるわけではないからである。完全子会社の役員の責任追及は破産管財人に委ねればよい。
23) 完全子会社の損害＝完全子会社の株式価値の減少とは限らない（前者のほうが大きい）。詳論は避けるが、株式が一種のコール・オプションであることの論理的帰結である。完全親会社の被った損害額を多重代表訴訟によって賠償請求できる損害額の上限とすると、賠償額は過小となる。

5．完全親会社の損害と完全子会社役員の損害賠償額

　847条の3第1項2号の要求する完全親会社の損害は，あくまで提訴要件であり，本案において最終的に認められる損害賠償額とは無関係である。4（3）で述べた完全子会社が債務超過の場合もその例であるが，このことがさらに面倒な問題を提起することもある。次の例を想定してもらいたい。

　【例】B社は，A社の完全子会社であり，その株式の帳簿価額がA社の総資産額の5分の1を超える。C社はA社の子会社（A社が51％の株式を保有）である。BC間で取引が行われた結果，B社が10億円損失を被り，C社が10億円利益を得た。A社の株主Xが，当該取引に関与したB社代表取締役Yらの責任を追及するために多重代表訴訟を提起した。

　この例の場合，完全親会社であるA社に損害があることは明白である。C社が完全子会社でなく，B社株式の価値の下落分はC社株式の価値の上昇分によって完全に相殺されないからである（A社以外のC社株主が利益の一部を享受）。したがって，（847条の3の規定する他の要件が満たされる限り）XはYらの責任を追及するために多重代表訴訟を提起することができる。しかし，この場合にYらに10億円の損害賠償責任を認めると，A社の株主は自己の被った損害を回復するだけではなく，問題の取引により増加したC社株式の価値に相当する利益を得ることになる。そういう意味では，847条の3第1項2号が防止しようとしている問題が部分的には生じてしまう。しかし，この例において，Yらの損害賠償額を適切な範囲に限定することは難しい[24]。多重代表訴訟におい

---

[24] 847条の3第1項2号が対処しようとする問題は株主代表訴訟の本案で処理できるとする見解（前掲注18）参照）は，本文のようなケースでも損害額の減額を認めるかもしれない。しかし，どのような法律構成によってどのような限定を付すことができるのであろうか。前掲注23）で述べたとおり，完全親会社の被った損害を株主代表訴訟によって回復できる損害額の上限とすることは適切でない。

063

ては,完全親会社株主の不当な利得を完全に防止することはできないと割り切るしかないように思われる[25]。

6. 多重代表訴訟の手続等

多重代表訴訟における提訴請求の相手方,不提訴理由の通知義務を負うのは,完全子会社(847条の3第1項・8項)であり,役員等の責任の免除には,完全子会社の総株主に加えて完全親会社の総株主の同意が要求される(847条の3第10項)。また完全親会社は,多重代表訴訟において訴訟参加することができるとされる(849条1項・2項)。被告側に補助参加する場合には,完全親会社の監査役・監査等委員・監査委員の同意が要求される(849条3項各号)。

完全親会社が被告側に補助参加する場合に,参加の利益をどう考えるか。通常の株主代表訴訟の場合において会社が被告側に補助参加する場合,参加の利益は不要というのが会社法の立案担当者の説明である[26]。このような立場からは,多重代表訴訟においても,完全親会社が被告側に補助参加するに際して参加の利益は不要となる。これに対して,学説では,会社法の下でも会社が被告側に補助参加するには参加の利益が必要だとする立場もある[27]。仮に有力学説に従い,会社法の下でも補助参加の利益が依然要求されており,しかもその内容が最高裁の示したようなものであるのだとすれば,完全親会社が被告側に補助参加できる場合は,事実上ほとんどないということになろう[28]。

---

[25] 親子会社関係が存在する場合に株主代表訴訟制度が用いられると,この種の現象は,一定の範囲で不可避的に生じる。前掲注17)参照。この問題につき,神田ほか・前掲注16)124頁〜127頁参照。
[26] 相澤哲ほか「外国会社・雑則」相澤哲編著『立案担当者による新・会社法の解説(別冊商事法務295号)』(商事法務,2006年)219頁。
[27] 例えば笠井正俊「株主代表訴訟における訴訟要件・不提訴通知・訴訟参加をめぐる問題」民事訴訟雑誌55号(2009年)147頁〜148頁。

Ⅲ. 株式会社が株式交換等をした場合における株主代表訴訟

　会社法の制定に際して，株主代表訴訟を提起した株主は，株式交換・三角合併等により完全親会社株主となった後も，引き続き株主代表訴訟の原告適格を有する旨の規定が設けられた（851条）。株主代表訴訟係属中に，株式交換等により株主が完全親会社株主となったために原告適格を喪失したとして，訴えが却下される例が相次いだことに対する批判[29]を受けたものである。しかし，株式交換等の組織再編の効力発生日までに株主代表訴訟を提起していなかった場合には，株式交換等より前になされた役員等の行為についても，完全親会社株主となった者は株主代表訴訟を提起することはできなかった[30]。

　改正法は，このような場合についても株主代表訴訟による責任追及を可能にした。847条の2は，株式交換・三角合併等により完全親会社株主となった者は，①完全子会社に対して，株式交換等の効力発生以前に生じていた原因に基づく役員等の責任追及の訴えを提起することを請求し，②請求後60日以内に完全子会社が訴えを提起しない場合には，当該完全子会社に代わって責任追及の訴えを提起することができると規定する[31]。

　このような提訴資格の拡張は，部会の審議においても，パブリック・コメント

---

28) 最決平成13・1・30民集55巻1号30頁は，「取締役の個人的な権限逸脱行為ではなく，取締役会の意思決定の違法を原因とする，株式会社の取締役に対する損害賠償請求が認められれば，その取締役会の意思決定を前提として形成された株式会社の私法上又は公法上の法的地位又は法的利益に影響を及ぼすおそれがあるというべきであり，株式会社は，取締役の敗訴を防ぐことに法律上の利害関係を有する」として，「取締役会の意思決定が違法であるとして取締役に対し提起された株主代表訴訟」においては，会社は，特段の事情がない限り，取締役を補助するため訴訟に参加することが許されるとする。このような考え方を多重代表訴訟にあてはめるとすれば，補助参加の利益が認められるのは，請求原因となる行為を親会社・子会社の取締役会が共同で決定した，あるいは子会社の意思決定が親会社の取締役会決定を前提にして行われたといった特殊な場合に限られることになる。神田ほか・前掲注16）130頁〜133頁参照。
29) 会社法制定以前の下級審裁判例とそれに対する学説の批判については，株主代表訴訟制度研究会「株式交換・株式移転と株主代表訴訟(1)――原告適格の継続」商事法務1680号（2003年）4頁〜8頁参照。
30) 東京地判平成19・9・27判時1992号134頁。

においても異論がなかった[32]。筆者もその導入に積極的に異を唱えるつもりはないが，この制度の理論的な説明は難しい。851条は，株式交換等が行われた時点で株主代表訴訟を提起していた原告は，完全親会社株主となった後も引き続き株主代表訴訟の結果につき間接的に影響を受けるにもかかわらず，それまでの訴訟活動がすべて水泡に帰す結果となることを防ぐことが目的である[33]。これに対して847条の2によって守られる株主の利益はわかりにくい。株主代表訴訟を提起することができる状態にあったということ自体を一種の既得権とみなし，株式交換等によって完全親会社株主となった後もこれは奪われないこととしたと説明することになろうか。

Ⅳ．子会社を含む企業集団における内部統制

改正法は取締役会で決定すべき事項として，362条4項6号に「並びに当該株式会社及びその子会社から成る企業集団の業務」という文言を追加した。会社法施行規則100条1項5号の規定を法律に移しただけで，現行法を変えるものではないと説明される[34]。確かに，後述のとおり，この改正それ自体が取締役の新たな義務や責任を創設するものではないが，事態は一見そう見えるより複雑である。

---

31) なお847条の2第1項2号と851条1項2号の適用範囲の違い（後者では合併により消滅する会社の株主が新設会社・存続会社の株式を取得する場合が規定されている）について，そのような差異がある理由と，それがもたらす解釈上の含意については，岩原・前掲注4)10頁～11頁参照。
32) 岩原・前掲注4)10頁。
33) 相澤哲ほか「新会社法の解説(17・完)雑則(下)」商事法務1755号（2006年）5頁。
34) 岩原・前掲注4)8頁～9頁，八木利朗ほか「会社法制の見直しとこれからの監査役監査」月刊監査役615号（2013年）41頁～42頁〔岩原紳作発言〕，前田雅弘ほか「〔座談会〕『会社法制の見直しに関する要綱』の考え方と今後の実務対応」商事法務1978号（2012年）32頁〔前田雅弘発言〕。もっとも実務家の中には，省令から法律への「格上げ」には，法的意味があるとする者もある（中村直人『役員のための法律知識』〔商事法務，2013年〕68頁～69頁，山田和彦「子会社管理責任および親子会社間取引にかかる実務対応——内部統制にかかる10項目の決議の見直し等」資料版商事法務360号〔2014年〕37頁）。

まず細かい点であるが、改正後の362条4項6号は、既に置かれていた会社法施行規則の規定とは微妙に表現が異なる。会社法施行規則100条1項5号の文言（「その親会社及び子会社から成る企業集団における業務の適正を確保するための体制」）は、ある会社からみた親会社・子会社双方の業務の適正を確保するための体制を問題としており、親会社からみた子会社の内部統制という視点は強く出ていない[35]。これに対して、改正法は「当該株式会社及びその子会社から成る企業集団の業務の適正を確保するために必要な……体制の整備」としており、傘下の子会社を含めた業務の適正を確保するための体制を親会社取締役会が決定するという視点が窺える。専ら子会社業務の適正を確保するための規律という角度からなされた部会の議論の影響が、このような文言の差異に現れているように思われる。その意味では、これまで省令に書かれていたものをそのまま法律本体に写した[36]だけというわけではない。

　しかし、仮に条文のニュアンスに若干の変化があったとしても、もともと362条4項6号自体は、内部統制システム構築義務を定めたものではない。同条4項は、内部統制システムに関する決定は取締役会の専決事項だと規定するだけであり、同条5項も、大会社では内部統制システムに関して何らかの決定をせよとするだけで、会社が内部統制システムを構築しないという決定をする選択肢を排除しているわけではない[37]。したがって、362条4項6号の文言がどう変わろうと、そこから子会社に関する内部統制システム構築義務が直接導かれるわけではなく、取締役の善管注意義務の一般的な解釈問題であることは改正前後で変わ

---

[35] なお立案担当者の解説では、「親会社においては、たとえば、（イ）子会社における業務の適正確保のための議決権行使の方針や、（ロ）親会社の監査役と子会社の監査役等との連絡に関する事項」が例として掲げられている（相澤哲＝石井裕介「新会社法関係法務省令の解説(3)株主総会以外の機関」商事法務1761号〔2006年〕15頁）。

[36] なお362条4項6号・416条1項1号ホが改正されたことに伴い、会社法施行規則100条1項5号・112条2項5号が削除されたわけではなく、若干表現を変えつつ、実質的に同じ内容の条項が残された（平成27年改正後会社法施行規則100条1項5号・112条2項5号参照）。

[37] 相澤哲ほか編著『論点解説　新・会社法　千問の道標』（商事法務, 2006年）333頁～334頁。もとより、そのような決定をすることが取締役の善管注意義務に反する可能性があるのは別論である。

らず，改正それ自体が取締役の新たな義務や責任を創設するものではないという説明は，法律論としては正しい。

　何かあるとすれば，改正そのものの法的効果ではなく，会社法制の見直し作業の過程でなされた議論が与える事実上の影響であろう。今回の改正に際して，取締役会の職務（362条2項）に，子会社の業務の監督あるいは企業集団における業務の適正の確保といった文言を加えることが検討された[38]。経済界から強い反対が出され最終的には見送られることとなったものの，子会社の不適切な業務執行について親会社取締役が責任を負うことは原則としてないとした一部の下級審裁判例[39]のような考え方は，現在ではそのまま妥当しないということについては，規定の導入に反対する者も含め[40]，ほぼ共通の認識があったように思われる。子会社の業務の適正のために親会社取締役が負う義務の具体的な内容や性格については，今後の裁判例に委ねられることになったが，こういった事実は，今後の裁判所の判断においても，考慮されることとなろう[41]。

---

[38] 部会第20回会議（平成24年5月16日開催）議事録19頁以下，第22回会議（平成24年7月4日開催）議事録1頁以下参照。

[39] 東京地判平成13・1・25判時1760号144頁（子会社に指図をするなど実質的に子会社の意思決定を支配したような場合以外は，親会社の取締役が，子会社の不適切な業務執行について，親会社との関係で責任を負うことはないとする）。ただし近時の下級審裁判例には，子会社における不適正な取引・在庫管理について，親会社取締役会の監視義務違反を認めたものがある（福岡高判平成24・4・13金判1399号24頁，福岡地判平成23・1・26金判1367号41頁）。

[40] 規定の新設に反対する委員・幹事の批判は，新しく設ける規定の内容・含意が不明確である点に向けられており，子会社における不適切な業務執行はおよそ親会社取締役の責任問題となりえないと主張されたわけではない（前掲注38）で引用した議事録参照）。規定の新設に反対している委員の中には，「現行法上も，親会社の取締役会は，適切な内部統制システムの構築等を通じて，子会社の管理義務を負っていることは間違いありません。」と明言する者すらいた（第20回会議議事録・前掲注38）21頁〜22頁［伊藤雅人委員発言］）。

[41] 坂本三郎「会社法の改正について──監査の視点から」月刊監査役631号（2014年）112頁参照。

V. 親会社による子会社株式等の譲渡

1. 改正の意義

改正法は，子会社の株式または持分の全部または一部の譲渡であって，①譲渡対象の株式・持分の帳簿価額が譲渡会社の総資産額の5分の1を超え，②譲渡の効力発生日において，譲渡会社が子会社の議決権総数の過半数の議決権を失うこととなる場合に，事業の全部または重要な一部の譲渡に準じて，株主総会の特別決議による承認を要求する（467条1項2号の2・309条2項11号）。株式買取請求権による保護も，事業譲渡の場合と同様に与えられる（469条1項）。子会社の株式または持分の全部または一部を譲渡することによって，当該子会社の事業に対する支配を失う場合には，事業譲渡がなされた場合と実質的に異ならない影響が親会社に及ぶことに着目した規律である[42]。

子会社株式・持分の処分による実質的な事業の譲渡について，親会社株主の関与が失われることは，これまでも親会社株主株主権の縮減の問題の1つとして古くから指摘されてきた[43]。

2. 若干の具体例

子会社の株式または持分の全部または一部を譲渡することによって当該子会社の事業に対する支配[44]を失う場合を規制する改正法の特徴を明らかにするために，若干の具体例を見よう。

(1) 【例1】A社が唯一の資産である完全子会社B社の株式の49％を他社に譲渡する。

---

[42] 中間試案補足説明第2部第1の2(1)。
[43] 森本滋「純粋持株会社と会社法」曹時47巻12号（1995年）3047頁，川浜昇「純粋持株会社の機関」資本市場法制研究会編『持株会社の法的諸問題——資本市場法制研究会報告』（資本市場研究会，1995年）84頁〜85頁。これまでの商法改正においても，改正のためのアジェンダとしては掲げられてきた。「親子会社法制等に関する問題点」（法務省民事局参事官室，平成10年7月8日）第1編第2章2(4)，「商法等の一部を改正する法律案要綱中間試案」（法務省民事局参事官室，平成13年4月18日）第11参照。

譲渡する子会社株式の帳簿価額が譲渡会社の総資産額に占める割合がどれほど大きくても，当該子会社に対する支配が失われない以上，株主総会決議による承認は要求されない（467条1項2号の2ロの要件を満たさない）。子会社として支配が続く限り，子会社の事業は譲渡されていないかのように扱われるわけである。

(2) 【例2】A社が完全子会社B社とC社を有している。A社はB社株式の49％とC社株式の51％をD社に譲渡する。譲渡対象のB社株式，C社株式各々の帳簿価額はA社の総資産額の5分の1を超えないが，両者の合計は5分の1を超える。

この例では，譲渡された株式総額は467条1項2号の2イの要件を満たすものの，467条1項2号の2ロの要件は，C社についてしか満たされていない。B社の行う事業は譲渡されないかのように扱われるため，譲渡される株式の総額が会社総資産額の5分の1を超えていても，株主総会決議による承認は要求されない。

(3) 【例3】A社が唯一の資産である完全子会社B社の株式の51％を市場売却した。

この例では，B社の事業は特定の者に承継されておらず，その意味では，（判例[45]）にいう）事業譲渡に完全に対応する現象が起きているわけではない。しかし，このケースは467条1項2号の2の要件を満たしており，株主総会決議による承認が要求される。子会社の株式・持分の譲渡によって子会社の事業に対する支配を失う場合が，株式・持分の移転を通じて実質的に事業が移転する場合とは同義ではないことを示す例である。

---

[44] 467条1項2号の2ロは，当該株式会社が有する当該子会社の議決権を問題にしている。文字どおり解釈するなら，子会社の株式の譲渡によって事業部門を子会社から孫会社に移す場合にも，株主総会特別決議が必要になり（森本大介「『会社法制の見直しに関する要綱』を踏まえた実務の検討(5)第三者割当増資に関する規律および子会社株式等の譲渡に関する改正」商事法務1985号〔2012年〕30頁），過剰規制となっているきらいがある。

[45] 後掲注47)参照。

3．改正法の理論的な影響

　子会社株式・持分の譲渡に係る改正法の規律は，事業譲渡の解釈論に影響を与える可能性がある。株主総会決議による承認が要求される事業譲渡の意義について学説上争いがあるが[46]，判例[47]は，①一定の事業目的のため組織化され，有機的一体として機能する財産の譲渡であり，②これにより事業活動の承継があり，③譲渡会社が競業避止義務を負うという3つの要件を課しているというのが，一般的理解である[48]。他方，今回の改正において規制対象に加えられた子会社株式・持分の譲渡は，子会社の事業が特定の者に承継される場合だけを規制対象にしているわけではない。当然ながら競業避止義務の存在も考慮されない。また子会社株式等の譲渡によって事業部門が他の会社に承継された場合にも，競業避止義務が生じるわけではなく[49]，改正法は，会社法総則との関係では，株式の譲渡を通じた実質的な子会社の事業の譲渡を事業譲渡と扱っているわけではない。

　これらをどう理解すべきか。本来は子会社株式・持分の譲渡を通じた実質的な事業譲渡だけを規制するのが目的であったが，完全にパラレルな要件を設けることが技術的に困難であるため，このような違いが生じたと理解するなら，改正法は事業譲渡に関する従来の考え方に影響を与えないことになる。これに対して，今回の改正に際して，株主総会決議による承認が要求されるのは，事業の全部または重要な一部について会社が直接的・間接的な支配を失う場合であるという整理がなされ，また会社法総則に規定されている事業譲渡に関する規律とは視点が異なることが条文上も明確になったという理解もありうる[50]。そう理解するなら，改正法は，事業譲渡規制の解釈の再考[51]を求めるものと評価されよう。

---

46) 学説の詳細については，落合誠一編『会社法コンメンタール(12)』(商事法務，2009年) 27頁～30頁 [齊藤真紀] 参照。
47) 最大判昭和40・9・22民集19巻6号1600頁。
48) 落合誠一「営業の譲渡と特別決議」倉澤康一郎教授還暦記念論文集『商法の判例と論理——昭和40年代の最高裁判例をめぐって』(日本評論社，1994年) 171頁。なお後掲注51)参照。
49) 21条は，特に改正されていない。

VI. むすび

　要綱の採択から2年近くを経て,ようやく会社法の改正が成立した。新たな制度の導入への賛否を論ずる段階は終わり,当面は,できあがった条文の解釈・運用や新たな制度が既存の法文に与える解釈等をきちんとつめる作業が求められることになる。親会社株主等の保護に係る条文については,導入の是非をめぐって議論を戦わせていた頃にはあまり意識されなかった細かな論点が,存外多く潜んでいるように思われる。本稿で示したのはあくまで氷山の一角にすぎないが,今後検討を進める上での参考になれば幸いである。

---

50) 前田・前掲注10)44頁は,中間試案の提言(改正法と実質的に同内容である)について,事業譲渡との規制対象のずれを指摘しつつ,「事業」概念から離れて要件を定めることができない宿命にあり,株主の受ける影響とは結びつかない要件がかかってこざるを得ない事業譲渡とは異なり,子会社株式等の譲渡については,事業概念に拘束されることなく株主への影響に純化した要件を考えるべきであると述べる。このような立場からは,467条1項1号・2号と2号の2の規制対象のずれには合理的な理由があり,改正により1項1号・2号の解釈が影響を受けることはないことになりそうである。しかし,467条1項1号・2号についても,株主の受ける影響を重視した解釈論は可能であり,現に有力説(前掲注46),後掲注51)参照)である。2号の2の追加を機に,これに合わせて1項1号・2号も株主への影響という角度から解釈し直すべきであると論じるのは十分可能に思われる。

51) 本文で示した視点は,467条にいう事業の譲渡とは,一定の事業目的のために組織化され,有機的一体として機能する財産であれば足り,事業の承継や競業避止義務の存在は不要であると解する学説の有力説(落合編・前掲注46)29頁〔齊藤〕参照)のような理解につながる。また前掲注47)最大判昭和40・9・22の理解としても,競業避止義務を要求するという趣旨に読むべきではないとする立場(この立場からの最も詳細な検討として,田中亘「競業避止義務は事業の譲渡の要件か」東京大学法科大学院ローレビュー5巻〔2010年〕286頁,筆者もこのような立場である。藤田友敬〔判批〕商法(総則・商行為)百選〔第5版〕〔2008年〕39頁)を後押しする効果があるかもしれない。

NUMBER 6

キャッシュ・アウト

I．はじめに

　本稿は，平成26年会社法改正のうち，平成24年9月7日に法制審議会が法務大臣に答申した要綱の第2部第2「キャッシュ・アウト」における提案に基づく改正事項について，解説・検討を行う[1]。また，会社法改正に伴い改正された関係省令についても，必要に応じ，解説を行う。以下では，IIで特別支配株主の株式等売渡請求手続，IIIで株式の併合，IVで全部取得条項付種類株式の取得，Vで株主総会等の決議の取消しの訴えの原告適格に関する改正事項について説明するとともに，解釈論上の問題点をいくつか指摘する。最後にVIで，今後の展望を述べる。

　なお，キャッシュ・アウトとは，金銭を対価とする少数株主の締め出し，すなわち，少数株主の個別の同意を得ることなく，少数株主全員に金銭を交付してその有する株式を全部取得する行為をいう。また，本稿では，その発行する株式がキャッシュ・アウトの対象となる株式会社を「対象会社」と呼ぶ（会社法上は，

---

1) 法務省の立案担当者によるキャッシュ・アウト制度に関する解説として，坂本三郎ほか「平成26年改正会社法の解説(7)」商事法務2047号 (2014年) 4頁参照。要綱の基になった，部会の「会社法制の見直しに関する要綱案」（平成24年8月1日）のキャッシュ・アウト部分に関する解説として，岩原紳作「『会社法制の見直しに関する要綱案』の解説(4)」商事法務1978号 (2012年) 39頁以下参照。

株式等売渡請求において用いられている呼称であるが〔179条2項〕，他の方法によるキャッシュ・アウトの場合にも適宜用いることにする）。

Ⅱ．特別支配株主の株式等売渡請求

1．制度の概要および制度創設に至る経緯

　会社法上，対象会社の総株主の議決権の9割以上を有する会社（特別支配会社）は，金銭を対価とした略式株式交換（784条1項）により，対象会社の株主総会の特別決議を経ることなく，少数株主をキャッシュ・アウトすることができる。もっとも，その方法は，税制上の理由[2]からあまり使われず，改正前会社法の下でのキャッシュ・アウトは，対象会社の発行済株式を全部取得条項付種類株式とした上でこれを取得する方法（108条1項7号・171条）によって行われることが通常である[3]。

　しかし，後者の方法は，常に対象会社において株主総会の特別決議を要するため（171条1項・309条2項3号），株主総会の開催のために費用と時間がかかる上，キャッシュ・アウトが二段階買収の2段階目の取引として行われる場合には，1段階目の取引である公開買付けからキャッシュ・アウト完了までに長期間を要することになり，そのような不安定な立場に立たされることへの懸念から，株主が心ならずも公開買付けに応募してしまう（いわゆる強圧性を有する）という問題点が指摘されている[4]。

　そこで，改正法は，対象会社の総株主の議決権の9割（これを上回る割合を対象会社の定款で定めた場合はその割合）以上を有する者（特別支配株主）は，対象会社の他の株主（売渡株主）全員に対し，その保有株式全部（売渡株式）の

---

2) 金銭を対価とする株式交換は，税務上，非適格組織再編とされ，対象会社の資産が評価替えされて評価益に課税がされる（法税62条の9）。
3) 坂本ほか・前掲注1)4頁，中間試案補足説明第2部第3の1(1)（商事法務1952号〔2011年〕46頁）。
4) 坂本ほか・前掲注1)5頁，岩原・前掲注1)39頁，中間試案補足説明（前掲注3)46頁）。

売渡しを請求できるものとする，株式等売渡請求の手続を創設することとした（179条1項。「株式等」とあるのは，後述のように新株予約権も売渡請求の対象としうるため）。これにより，税務上不利な取扱いを受けることなく，対象会社の株主総会決議を省略してキャッシュ・アウトを行えるようになることが期待されている。

特別支配株主は，会社とは限らず，会社以外の法人あるいは自然人であってもよい。株式等売渡請求による売渡株式等の取得は，売買取引であって会社の組織に関する行為ではないため，本制度の利用主体を会社に限る必要はないからである[5]。なお，ある者が対象会社の総株主の議決権の9割（または定款で定めた割合）以上を有するかどうかの判断にあたっては，当該者が発行済株式の全部を有する株式会社その他これに準ずるものとして法務省令で定める法人（特別支配株主完全子法人[6]）の有する議決権を合算して算定する（179条1項）。

株式等売渡請求は，対象会社の株主全員に対して行わなければならない（同項）。ただし，特別支配株主完全子法人に対しては，売渡請求をしないことができる（同項ただし書）。特別支配株主完全子法人の有する対象会社株式は，既に特別支配株主の完全な支配下にあるといえるため，あえて売渡請求の対象にする必要はないからである[7]。

対象会社が新株予約権を発行している場合は，特別支配株主は，株式に加えて新株予約権の売渡しも請求できる（同条2項）。株式売渡請求により株式全部を取得したとしても，その後に新株予約権が行使されて少数株主が出現する可能性があるとすれば，売渡請求の意義が損なわれてしまうためである[8]。売渡請求をする新株予約権が社債に付されたもの（新株予約権付社債）であるときは，当該新株予約権に別段の定め（238条1項7号）がある場合を除き，社債の全部につ

---

[5] 坂本ほか・前掲注1)6頁。
[6] 179条1項および会社則33条の4により，当該者が，直接または間接に，その発行済株式または持分の全部を有する株式会社またはその他の法人が，特別支配株主完全子法人となる。
[7] 坂本ほか・前掲注1)7頁。
[8] 坂本ほか・前掲注1)7頁。

いても売渡請求をしなければならない（179条3項）。

2．株式等売渡請求の手続

（1）売渡請求およびその承認

　特別支配株主が株式等売渡請求をするには，売渡請求に関する一定の事項を定めて（179条の2），対象会社に通知し，対象会社の承認を受けなければならない（179条の3第1項）。ここで，特別支配株主が定めて対象会社に通知すべき事項は，次のとおりである。①特別支配株主完全子法人に対し売渡請求をしないこととするときは，その旨および当該完全子法人の名称，②売渡株主に対価として交付する金銭の額またはその算定方法，③当該金銭の割当てに関する事項，④新株予約権売渡請求をするときは，その旨および当該新株予約権売渡請求につき①～③に対応する事項，⑤特別支配株主が売渡株式等を取得する日（取得日），⑥その他法務省令で定める事項[9]（179条の2第1項各号）。対象会社が種類株式発行会社の場合には，③の事項として，種類ごとに異なる取扱いを定めることができる（同条2項）。③の事項（対価の割当て）の定めは，売渡株式の数（種類株式発行会社の場合は，各種類の売渡株式の数）に応じて——例えば，売渡株式1株につき100円を交付する（種類株式発行会社の場合は，A種種類株式1株につき100円，B種種類株式1株につき200円を交付する）というように——金銭を交付することを内容とするものでなければならない（同条3項）。

　売渡請求の通知を受けた対象会社は，当該売渡請求を承認するかどうかを決定

---

[9] 法務省令では，対価の支払のための資金を確保する方法，および，179条の2第1項各号所定の事項以外の取引条件を定めるときはその取引条件が規定されている（会社則33条の5第1項）。なお，「対価の支払のための資金を確保する方法」としてどのようなものがありうるかについては，金融商品取引法上，公開買付者は，公開買付届出書の添付書類として「公開買付者の銀行等への預金の残高その他の公開買付けに要する資金……の存在を示すに足る書面」の提出が要求されており（発行者以外の者による株券等の公開買付けの開示に関する内閣府令13条1項7号），それに従い，公開買付者は預金残高証明書や金融機関等による出資証明書・融資証明書等を監督当局に提出していることが（長島・大野・常松法律事務所編『公開買付けの理論と実務〔第2版〕』〔商事法務，2013年〕130頁～132頁），参考になろう。

し[10]，特別支配株主に対し通知しなければならない（179条の3第1項・4項）。対象会社が取締役会設置会社の場合は，株式等売渡請求の承認をするには，取締役会の決議が必要である（同条3項）。

（2）承認の決定を行う際の取締役の義務

　対象会社の取締役は，善管注意義務を尽くして，売渡請求が売渡株主等の利益となるかどうかを判断した上で，承認をするかどうかの決定をしなければならないと解される[11]。その際に考慮すべき要素としては，キャッシュ・アウトの必要性や売渡請求の対価の相当性のほか，対価の支払の見込み（特別支配株主による資金の準備状況等）も含まれる[12]。取締役が善管注意義務を尽くさずに，不適正な条件での株式等売渡請求を承認し，それによって売渡株主等に損害を与えた場合には，429条1項による損害賠償責任が生じうる[13]。また，民法709条の不法行為責任も生じえよう。

　なお，この点に関し，会社法の規定上は，取締役の善管注意義務は委任者である会社に対して負うものとされ（330条，民644条），株主は義務の相手方になっていない（忠実義務についても同様。355条）。しかし，営利法人である会社の利益を図るということは，基本的には，その実質的所有者である株主の利益を図ることを意味する。また，組織再編の対価の決定の場面のように，取締役の職務執行が，直接株主の利益に影響を与える場面も多い。それゆえ，取締役は，善良な管理者の注意を尽くして株主の利益を図るという義務も負っていると解すべきである。株式等売渡請求の承認が求められる場面で，取締役が売渡株主の利

---

10) 特別支配株主が株式売渡請求とともに新株予約権売渡請求もした場合，対象会社は，新株予約権売渡請求のみを承認することはできない。
11) 坂本ほか・前掲注1)10頁。
12) 坂本ほか・前掲注1)10頁，岩原・前掲注1)53頁注16参照。対価の支払の見込みを判断する上では，対価の支払のための資金を確保する方法（前掲注9)参照）の合理性のほか，特別支配株主の財務状態（資産・負債の状況等）も勘案して，対価の交付が合理的に見込めるかを確認しなければならない（坂本ほか・前掲注1)10頁）。
13) 坂本ほか・前掲注1)10頁。

益のために承認の決定を行わなければならないのは，このような，株主の利益を図るという善管注意義務の一環であると理解すべきであり，株主の利益が問題となるその他の場面においても，取締役は，株主の利益のため善管注意義務を尽くしてその職務を行うべきである[14]。

もっとも，取締役に株主の利益を図る義務があるといっても，それがどの程度の義務なのか，例えば，米国のいわゆるレブロン義務（株主のため合理的に実現可能な最善の買収価格を追求する義務）と同程度の義務なのか，それとも，何らかの意味でそれより穏やかな義務であるかは，解釈は必ずしも明確でなく，今後の裁判例・学説の蓄積が待たれる問題である[15]。

(3) 承認後の売渡請求の撤回

対象会社が売渡請求の承認をした後は，特別支配株主が売渡請求を撤回するには，対象会社の承諾を必要とする（179条の6）。売渡請求の承諾と同様，承諾の撤回についても，取締役は善管注意義務を尽くしてその決定を行う必要があり，合理的な理由がないのに撤回を承諾した場合には，対象会社の株主に対する任務懈怠責任（429条1項）に問われる可能性がある[16]。合理的な理由の例とし

---

[14] 加藤貴仁ほか「〔座談会〕平成26年会社法改正の検討」ソフトロー研究24号（2014年）141頁〜143頁［藤田友敬発言，田中亘発言，神作裕之発言］参照。例えば，共同株式移転をする場合に，取締役は株主の利益のために適切な株式移転比率について相手方と交渉し，合意する善管注意義務を負っていると解される（東京地判平成23・9・29判時2138号134頁参照）。また，MBOのための公開買付けの場面において，取締役は株主の利益を図るという善管注意義務の一内容として，公正な株式価値の移転を図る義務および情報開示義務を負っていると認めた裁判例として，東京高判平成25・4・17判時2190号96頁参照。なお，株主の利益とは，通常は，全株主の利益をいうが，キャッシュ・アウトの場合は株式を買い取られる少数株主の利益のみが問題となるため，取締役は，少数株主の利益を図る義務を負うと解される（岩原・前掲注1）43頁参照。できるだけ安く株式を買い取りたいという多数株主の利益は，株主としての利益ではないため，取締役はこのような利益を図ることは許されないと解される。もちろん，このようにいうことは，際限なく高いキャッシュ・アウト価格を追求することを取締役に義務づける趣旨ではない。取締役が不合理に高い価格に固執すれば，多数株主はキャッシュ・アウトを断念することになり，結局，少数株主の不利益となりうるからである）。
[15] 加藤ほか・前掲注14)143頁〜144頁［藤田発言，田中発言，神作発言］。

ては，特別支配株主が対価を支払えなくなった場合や，特別支配株主の想定を超える数量の売渡株式について価格決定の申立てがされたような場合が考えられる[17]。

（4）売渡株主等への情報開示

対象会社は，取得日の20日前までに，売渡株主等に売渡請求に関する所定の事項の通知をしなければならない（179条の4第1項）。売渡株主等に売渡請求について知らせ，必要に応じて，**3**で説明するような権利を行使する機会を与えることが目的である。株主の地位を奪うという事柄の重大性に鑑み，公開会社であっても，売渡株主に対する通知は公告をもって代えることはできない（同条2項。売渡新株予約権者および登録質権者への通知は公告で代替可能）。ただし，社債，株式等の振替に関する法律（振替法）により，通知でなく公告が義務づけられている振替株式発行会社の場合は，公告によることになる（社債株式振替〔平成26年法律第91号による改正後〕161条2項）。

また，対象会社は，売渡請求に関する一定の事項を記載した書面等を一定期間，本店に備え置き，売渡株主等の閲覧・謄写等請求に供さなければならない（事前開示。179条の5）。事前開示事項としては，特別支配株主の氏名・名称および住所や売渡請求の内容等が法定されているほか（同条1項），法務省令において，売渡請求の対価の相当性に関する事項（当該相当性に関する取締役〔会〕の判断およびその理由を含む），対価の交付の見込みに関する事項等が定められている（同項4号，会社則33条の7）。売渡対価の相当性に関する事項として，特に，売渡請求の承認（179条の3第1項）にあたり売渡株主等の利益を害さないように留意した事項（当該事項がない場合はその旨）を開示すべきものとしている。そのような事項の例としては，第三者評価機関による株式価値評価や社外取締役等の意見等が考えられる[18]。

16）坂本ほか・前掲注1)13頁注124。
17）岩原・前掲注1)45頁参照。
18）中間試案補足説明（前掲注3)48頁）参照。

(5) 売渡株式等の取得

　特別支配株主は，取得日に，売渡株式等の全部を取得する（179条の9第1項）。売渡請求の対価が支払われていることは，取得の効力発生要件ではない。この点は，対価の支払と株式等の取得との同時履行が確保されなければ，売渡株主等の地位が不安定になってしまうという批判もあるところであるが[19]，対価の支払の確保は，売渡請求を行う際の特別支配株主による開示（売渡請求に関する事項の通知。179条の3第1項，会社則33条の5第1項1号）と，対象会社の承認（179条の3）によって図ることとしたものである[20]。

　売渡株式等に譲渡制限が付されている場合でも，対象会社は，譲渡の承認をしたとみなされ（179条の9第2項），実際に譲渡承認を得る必要はない。

(6) 事後開示

　対象会社は，取得日後遅滞なく，売渡請求に係る売渡株式等の取得に関する一定の事項を記載した書面等を作成し，一定期間，本店に備え置き，売渡株主等であった者の閲覧・謄写等請求に供さなければならない（事後開示。179条の10。事後開示事項の内容については，同条1項，会社則33条の8参照）。

3．反対株主等の保護

(1) 総説

　株式等売渡請求手続においては，これに反対する売渡株主等の利益を保護するため，売渡請求等の差止めおよび売買価格決定手続が用意されている。以下，順

---

[19] この点は，部会の審議（岩原・前掲注1)45頁）のほか，国会，特に参議院法務委員会の審議において問題とされたところである（岩原紳作ほか「〔座談会〕改正会社法の意義と今後の課題（上）」商事法務2040号〔2014年〕9頁～10頁〔坂本三郎発言，岩原紳作発言〕，第186回国会参議院法務委員会会議録16号〔平成26年5月20日〕参照）。
[20] 岩原・前掲注1)45頁。特別支配株主が，対価の支払のための資金を確保する方法を対象会社に通知することが義務づけられることにつき，前掲注9)参照。対象会社の取締役は，売渡請求の承認の決定をするに際し，対価の交付が合理的に見込めるかを確認しなければならないことにつき，前掲注12)参照。

に説明する。なお，売渡株式等の取得の効力を争う訴えについては，**4**で別に説明する。

（2）売渡株主等の差止請求権

　株式売渡請求が法令に違反する場合，対象会社が売渡株主への通知もしくは事前開示に関する規制に違反した場合，または特別支配株主が定めた売渡対価が著しく不当である場合であって，売渡株主が不利益を受けるおそれがあるときは，売渡株主は，特別支配株主に対し，株式等売渡請求に係る売渡株式等の全部の取得をやめることを請求することができる（179条の7第1項）。

　今回の改正により，略式以外の組織再編（784条の2・796条の2・805条の2），全部取得条項付種類株式の取得（171条の3）および株式の併合（182条の3）についても差止請求権が認められたところであるが，それらの場合には差止事由とはされていない，対価の著しい不当を理由とする差止めも認められる。略式組織再編において対価が著しく不当である場合に，少数株主は株主総会決議取消しの訴え（831条1項3号参照）を提起できないことから，それに代わる保護手段として差止めが認められていること（784条の2第2号・796条の2第2号）[21]と平仄を合わせたものである。なお，他の方法（金銭対価の株式交換や株式の併合等）によるキャッシュ・アウトと異なり，定款の違反が差止事由とされていないのは，株式等売渡請求による株式の全部の取得は対象会社の行為ではないため，定款違反を観念しえないと考えられたためである[22]。もっとも，特別支配株主となるための議決権の保有要件を対象会社の定款で加重していた場合（179条1項参照）に，それを満たさない株主が売渡請求をする場合がありうるが，その場合は，売渡請求は法令違反（179条の7第1項1号）になると解され

---

[21] 略式組織再編の差止めの趣旨については，江頭憲治郎「『会社法制の現代化に関する要綱案』の解説(7)」商事法務1728号（2005年）13頁参照。なお，今回の改正後の会社法の下で，対価の著しい不当は略式以外の組織再編の差止事由となる余地があるのかという問題については，田中亘「各種差止請求権の性質，要件および効果」神作裕之ほか編『会社裁判にかかる理論の到達点』（商事法務，2014年）23頁〜28頁参照。

[22] 岩原・前掲注1)47頁，中間試案補足説明（前掲注3)49頁）。

よう。

売渡新株予約権者も，売渡株主と同様の要件の下で，売渡株式等の全部の取得の差止めを請求できる（同条2項）。

（3）売買価格決定の申立て

売渡株主等は，取得日の20日前の日から取得日の前日までの間に，裁判所に対し，その有する売渡株式等の売買価格の決定の申立てをすることができる（179条の8）。全部取得条項付種類株式の取得の場合の取得価格決定の申立て（172条）や，株式の併合の場合の反対株主の株式買取請求（182条の4）・買取価格決定の申立て（182条の5）と同様，少数株主にキャッシュ・アウト価格の公正さについて裁判で争う機会を認めたものである。

4．売渡株式等の全部の取得の無効の訴え

（1）無効の訴えの手続

株式等売渡請求に係る売渡株式等の全部の取得の無効は，取得日から6カ月以内（非公開会社では，1年以内[23]）に，訴えをもってのみ，主張することができる（846条の2第1項）。売渡株式等の全部の取得は，対象会社の行為ではないことから，会社の組織に関する行為の無効の訴え（828条1項各号）の一種とはされていないが，それと同様の手続規制に服する（846条の2～846条の9）。売渡株式等の全部の取得を無効とする確定判決は，将来に向かってのみ効力を生じ（846条の8），また，対世効を有する（846条の7）。

（2）無効原因に関する問題

株式等売渡請求に係る売渡株式等の全部の取得の無効原因は，会社の組織に関

---

23) この点は，非公開会社による新株発行については，非公開会社では各株主の持株比率維持の関心が高い一方，違法な新株発行がされても株主総会まではそれに気づきにくいことから，無効の訴えの提訴期間は1年に伸張されており（828条1項2号），売渡株式等の取得の無効の訴えについても同じ扱いとしたものである。岩原・前掲注1)47頁～48頁。

する行為の無効の訴えの場合と同様，法定されておらず，解釈に委ねられる。

　解釈論上，問題になりそうな点の第1は，売渡株式等の取得の対価の著しい不当性（売渡株式等の客観的価値と比較して著しく低額であること）が無効原因になるかどうかである[24]。この点は，対価の著しい不当は株式等売渡請求の差止事由となることから（179条の7第1項3号），事前に差止めがされなかったときは，対価の当不当の問題は売買価格決定（179条の8）によってのみ争えるものとし，事後的な無効原因とはしないという解釈もありうるところである。しかし，通常は仮処分の形で争われる差止請求では，対価の不当性について十分審理する時間がないことから，仮処分申請は保全の必要性を欠くとして却下し，無効の訴えの対象とするほうが適切なケースもあるとして，対価の著しい不当も無効原因と解すべきであるとする主張が有力である[25]。

　第2に，キャッシュ・アウトの「目的の不当性」が無効原因になるかという問題がある（これは，株式の併合や全部取得条項付種類株式の取得など，他の方法によるキャッシュ・アウトについても問題になる点である）[26]。この点に関し，東京地裁平成22年9月6日判決（判タ1334号117頁）は，全部取得条項付種類株式の取得決議（171条）が831条1項3号にいう著しく不当な決議として取消しの対象となるには，「単に会社側に少数株主を排除する目的があるというだけでは足りず，……少なくとも，少数株主に交付される予定の金員が，対象会社の株式の公正な価格に比して著しく低廉であることを必要とすると解すべきである。」と判示し，当該事件では，少数株主に交付することが予定される金員の額は著しく低廉であるとはいえないとし，取消請求を棄却している[27]。もっとも，同判決も，キャッシュ・アウトの「目的の不当性」はおよそ問題にしないという趣旨ではなく，例えば，少数株主が支配株主である取締役の責任追及のた

---

24) この問題に関する部会の議論については，岩原・前掲注1)47頁。
25) 江頭憲治郎『株式会社法〔第6版〕』（有斐閣，2015年）282頁注2。立案担当者も，無効原因となりうるとする（坂本ほか・前掲注1)11頁）。
26) 江頭・前掲注25)159頁以下注36参照。
27) 同趣旨の裁判例として，大阪地判平成24・6・29判タ1390号309頁も参照。

め代表訴訟を提起しているときに，支配株主が責任逃れのためにキャッシュ・アウトを行った場合など，濫用目的が実際に証明された場合に，決議取消またはキャッシュ・アウトの無効を認める余地を否定しているわけではないと解される[28]。また，学説においては，特に閉鎖型のタイプの会社においては，株主間に経営参加に関する明示・黙示の約束があることが少なくない等の事情から，「目的の不当性」による決議取消またはキャッシュ・アウトの無効を柔軟に認める立場も有力であり[29]，今後の裁判例の動向が注目される。

　第3に，取得の対価の不払が無効原因となるかも解釈問題であるが，売渡株式等の大部分について対価が支払われなかった場合には，取得の手続の重大な瑕疵として，無効原因になると解すべきである[30]。なお，売渡株式等の全部の取得の無効とは別に，一部の売渡株主等が，自己の売渡株式等についての対価の不払を理由に，自己と特別支配株主との間の売買取引を解除すること（民541条による）も可能と解すべきである。このような解除は，個別の売渡株式等についてその取得の効力を覆すにとどまり，売渡株式等の全部の取得を無効とするものではないため，売渡株式等の全部の取得の無効は訴えをもってのみ行うことができるものとする846条の2第1項によって妨げられるものではないと解されるためである[31]。

III．株式の併合

1．株主の利益保護のための規制

　株式の併合は，併合の割合（180条2項1号）を，ほとんどの株主についてその併合後の保有株式数が1株未満になるように定めることにより，キャッ

---

[28] 松尾健一「平成22年度会社法関係重要判例の分析(上)」商事法務1942号（2011年）17頁注61，久保田安彦〔本件判批〕商事法務2032号（2014年）110頁参照。
[29] 江頭・前掲注25)159頁以下注36，282頁注2。
[30] 坂本ほか・前掲注1)11頁，加藤ほか・前掲注14)140頁〔神作発言，田中発言〕。
[31] 坂本ほか・前掲注1)11頁，加藤ほか・前掲注14)139頁〔田中発言〕。ただし，江頭・前掲注25)280頁注7は反対。

シュ・アウトの手段として利用することができる。しかし，改正前会社法の下では，反対株主に株式買取請求権が与えられないなど，少数株主の保護が十分でないという問題があった。

そこで，今回の改正では，株式の併合により端数となる株式の株主は，反対株主の株式買取請求をすることができるものとした（182条の4）。株式買取請求をするための要件（同条），および株式の買取価格の決定等（182条の5）について，組織再編における反対株主の株式買取請求の場合（785条・786条等）と同様の規律が設けられている。また，株式の併合が法令または定款に違反する場合において，株主が不利益を受けるおそれがあるときは，株主は株式の併合の差止めを請求することができるものとした（182条の3）。さらに，組織再編や株式等売渡請求の場合と同様，株主に対する事前開示（182条の2，会社則33条の9）および事後開示（182条の6，会社則33条の10）の制度も設けられた。特に，株式の併合の定めの相当性に関する事項として，親会社等のある会社が株式の併合をする場合は，当該親会社等以外の株主の利益を害さないように留意した事項（当該事項がない場合はその旨。会社則33条の9第1号イ），235条による端数処理が見込まれる場合における当該処理の方法に関する事項，当該処理により株主に交付することが見込まれる金銭の額および当該額の相当性に関する事項（同号ロ）が，事前開示事項に含められている。

ただし，単元株式制度を採用する会社が株式の併合を行う場合，上記の株主保護のための規制が適用されるのは，単元株式数に併合の割合を乗じた数に1未満の端数が生じる場合に限られる（182条の2第1項柱書括弧書）。言い換えれば，併合により端数となる株式が単元未満株式に限られる場合（例えば，単元株式数を1000株とする会社が，100株を1株とする〔併合の割合が100分の1である〕株式の併合をする場合）には，上記規制は適用されない。この場合，端数となる株式の株主の利益に与える影響が小さいためである[32]。

---

32) 坂本ほか・前掲注1)6頁注132参照。

2．経過措置

　改正法の施行日前に株式の併合の決議をするための株主総会の招集手続が開始された場合には，その株式の併合については，改正法でなく改正前の規律を適用する（改正法附則 11 条）。この場合には，改正前の法律を前提にして株式の併合に向けた一連の手続が開始されたものであり，これについて改正後の規律を適用することは，利害関係者の予測に反し，手続のやり直しによる混乱やコストを生じるおそれがあるためである[33]。

Ⅳ．全部取得条項付種類株式の取得

1．株主の利益保護のための規制

　全部取得条項付種類株式の取得について，それがキャッシュ・アウトに用いられているという実態に鑑み，株式の併合の場合と同様，株主の差止請求権を新設するとともに（171 条の 3），事前開示（171 条の 2，会社則 33 条の 2）および事後開示（173 条の 2，会社則 33 条の 3）の手続を設けることとした。事前開示事項としては，とりわけ，取得対価の相当性に関する事項（会社則 33 条の 2 第 1 項 1 号・2 項各号。全部取得をする会社に親会社等がある場合は当該親会社等以外の株主の利益を害さないように留意した事項〔同項 3 号〕，234 条による端数処理が見込まれる場合における当該処理の方法に関する事項，当該処理により株主に交付することが見込まれる金銭の額および当該額の相当性に関する事項〔同項 4 号〕を含む）や，取得対価について参考となるべき事項（会社則 33 条の 2 第 1 項 2 号。取得の対価が株式等の権利である場合には，当該権利の内容や，その権利の発行会社に関する情報等の開示が行われる。同条 3 項参照）等が，開示事項に含められている。

---

33) 坂本ほか・前掲注 1)8 頁。

2．取得価格決定の申立期間の変更

改正前会社法では，全部取得条項付種類株式の取得価格決定の申立期間は，全部取得のための株主総会の決議の日から 20 日以内とされているが（改正前 172 条 1 項），それでは，申立期間の満了前に取得日が到来し，複雑な法律関係が生じるおそれがあることから，取得価格決定の申立期間を取得日の 20 日前の日から取得日の前日までとするとともに（172 条 1 項），会社は取得日の 20 日前までに，全部取得条項付種類株式の株主に対して取得に関する事項を通知または公告しなければならないものとした（同条 2 項・3 項）。

3．経過措置

改正法の施行日前に全部取得条項付種類株式の取得の決議（171 条 1 項）のための株主総会の招集手続が開始された場合には，当該全部取得条項付種類株式の取得については，改正法でなく改正前の規律を適用する（改正法附則 10 条）。株式の併合の場合の経過措置（Ⅲ 2）と同趣旨である。

V．株主総会等の決議取消しの訴えの原告適格に関する改正

改正前会社法上，株主総会等の決議の取消しの訴えの原告になれる者には，決議の取消しにより取締役，監査役または清算人になる者が含まれるが，決議の取消しにより株主となる者は，規定上は含まれていない（改正前 831 条 1 項）。しかし，株主総会決議によるキャッシュ・アウトによって株主の地位を失った者も，決議が取り消されれば株主としての地位を回復する可能性を有する以上，決議取消しの訴えの原告適格を認めるべきであると考えられ，現にこれを認めた裁判例もある[34]。もっとも，その点は明文の規定を設けたほうが，疑義を生じさせないため望ましいことから，今回の改正により，決議の取消しにより株主とな

---

34) 全部取得条項付種類株式の取得決議につき，東京高判平成 22・7・7 判時 2095 号 128 頁。

る者も，決議取消しの訴えを提起することができる旨の規定が設けられた（831条1項）。

VI. おわりに――今後の展望

　今回の改正により，株式の併合について，他の方法によるキャッシュ・アウトの場合と遜色のない株主保護の手続が設けられたため，あえて複雑な手順を要する全部取得条項付種類株式の取得を用いる必要性は乏しくなっている。この点を踏まえると，改正法施行後は，買収者が対象会社の総株主の議決権の9割以上を有する場合は，株式等売渡請求により，それ以外の場合には株式の併合によって，キャッシュ・アウトを行うことが一般的になることが予想される。

　他方，今回の改正でキャッシュ・アウトが一層容易になる一方，少数株主保護のための制度も整備されたことから，少数株主が価格決定手続によりキャッシュ・アウト価格の公正さを争ったり，事案によっては，キャッシュ・アウトの差止めや無効を主張したりする事例が増加する可能性もある。こうした紛争を適切に解決するため，キャッシュ・アウトの「公正な価格」の決定方法や[35]，キャッシュ・アウトが「目的の不当性」のゆえに効力を否定される場合があるか，あるとすればそれはどういう場合か等の問題について，解釈論が深められることが強く期待される。

※　本稿は，科学研究費補助金・基盤(C)「オプションとしての株主の地位」課題番号：25380097の研究成果の一部である。

---

[35]「公正な価格」の決定方法についての私見を述べたものとして，田中亘「総括に代えて――企業再編に関する若干の法律問題の検討」土岐敦司＝辺見紀男編『企業再編の実務と理論――企業再編のすべて』（商事法務，2014年）214頁～237頁参照。

NUMBER 7

組織再編等

Ⅰ. 会社法改正の意義

　平成 26 年会社法改正においては，組織再編等に関する改正事項について全体を示す明確な目的が存したわけではない。個別的な改正の積み重ねといった感もあるが，この十数年で構築された組織再編法制を[1]，実務での運用も踏まえて，現在の社会経済情勢に適合するように再構築したものであると理解できよう。

Ⅱ. 改正法の基本的な姿勢

　今般の改正法は，次の 2 点において特徴的であろう。
　第 1 に，一般的な組織再編行為についての差止請求権の導入に代表されるように，事後的な救済から事前的な救済に重点を移したことである[2]。組織再編法制は，平成 12 年商法改正による会社分割制度の導入で整備が完了し，平成 17 年会社法制定においては規制緩和（事前規制の緩和）が図られた[3]。平成 26 年改正では，事前規制が強化され，あるいは，事前的な救済策が拡充され，かつて

---

1) 組織再編法制の変遷の概要については，武井一浩「会社法改正と M&A──経済成長戦略としての改正の歴史と今後の課題」商事法務 2000 号（2013 年）53 頁，中東正文「要望の顕現──組織再編」中東正文 = 松井秀征編著『会社法の選択──新しい社会の会社法を求めて』（商事法務，2010 年）257 頁を参照。

の組織再編法制への回帰ないし揺り戻しがみられる[4]。

　第2に，規制の非対称の是正である。例えば，MBOや完全子会社化を実施する際に，全部取得条項付種類株式が好んで利用されているが（便宜上，「全部取得」という），少数株主を締め出す方法は，これに限られるわけではない。株式併合などによっても，会社法上は，同様の効果を得ることができる。全部取得は，実質的には株式併合であり，少数株主の締め出しに利用される場合には，手続等が異なるべきものではない[5]。この点の非対称は，略式組織再編に関する規律に倣って統一された。事前と事後の情報開示，差止めの機会の付与，反対株主の株式買取請求権とその行使に伴う価格決定申立権などである。

　さらに，規制の非対称にも関係する改正事項として，①特別支配株主の株式等売渡請求（179条～179条の10），②親会社による子会社の株式等の譲渡（467条1項2号の2）[6]，③支配株主の異動を伴う募集株式の発行等（206条の2ほか）がある。

---

2) 岩原紳作「『会社法制の見直しに関する要綱案』の解説(5)」商事法務1979号（2012年）8頁～9頁，白井正和「組織再編等に関する差止請求権の拡充——会社法の視点から」川嶋四郎＝中東正文編『会社事件手続法の現代的展開』（日本評論社，2013年）209頁～216頁，中東正文「企業再編をめぐる会社法制の課題」ジュリ1437号（2012年）17頁～19頁を参照。また，坂本三郎ほか「平成26年改正会社法の解説(9・完)」商事法務2049号（2014年）20頁，坂本三郎編著『一問一答　平成26年改正会社法』（商事法務，2014年）307頁も参照。
3) 神田秀樹『会社法入門』（岩波書店，2006年）21頁「表1-3」を参照。
4) 笠原武朗「平成26年会社法改正の概要」法時86巻11号（2014年）58頁を参照。なお，濫用的会社分割について，神田秀樹「会社分割と債権者保護」ジュリ1439号（2012年）63頁，笠原武朗「組織再編——株式買取請求権関係と濫用的会社分割を中心に」法教402号（2014年）31頁～33頁，坂本ほか・前掲注2)22頁～27頁，坂本編著・前掲注2)311頁～327頁なども。
5) 久保田安彦「発行開示と継続開示の接続とその合理性——金融商品取引法24条1項3号に関する一考察」阪大法学62巻3＝4号（2012年）751頁を参照。
6) 岩原紳作「『会社法制の見直しに関する要綱案』の解説(3)」商事法務1977号（2012年）11頁など。

Ⅲ．組織再編等の差止請求

1．法改正の骨子

　平成26年改正によって，次の行為が法令または定款に違反する場合において，株主が不利益を受けるおそれがあるときは，株主は会社に対して当該行為の差止めを請求することができる。新たに差止めの対象とされたのは，①全部取得条項付種類株式の取得（171条の3），②株式の併合（182条の3），③略式・簡易以外の組織再編（784条の2・796条の2・805条の2）である。

　なお，上記③に関して，略式組織再編については，改正前から株主に差止請求権が認められており，差止めの要件として，法令または定款に違反する場合だけではなく，対価が著しく不当である場合も認められていた（改正前784条2項・796条2項）。改正後においても，従来の要件は維持されている（784条の2第2号・796条の2第2号）。

2．中間試案の公表後

　組織再編に関する一般的な差止請求権を導入すべきか否かについては，激しい意見の対立があった[7]。

　中間試案でも，両論が併記されていた。すなわち，B案は，明文の規定は設けないとするものであったが，改正法では，A案本文が採用された（中間試案第2部第5）。

　中間試案以降の議論は，A案（注1）が中心になった。同注では，「特別の利害関係を有する者が議決権を行使することにより，当該組織再編に関して著しく不当な株主総会の決議がされ，又はされるおそれがある場合であって，株主が不利益を受けるおそれがあるときに，株主が当該組織再編をやめることを請求する

---

7) 岩原・前掲注2)8頁～9頁，野村修也「組織再編――株式買取請求・差止請求」ジュリ1439号(2012年) 61頁～62頁，田中亘「各種差止請求権の性質，要件および効果」神作裕之ほか編『会社裁判にかかる理論の到達点』(商事法務，2014年) 21頁～22頁，齊藤真紀「不公正な合併に対する救済としての差止めの仮処分」同124頁～126頁など。

ことができるものとするかどうかについては，なお検討する」とされていた。

改正前の解釈としても[8]，A案（注1）の場合について，株主総会決議取消しの訴え（831条1項3号）を被保全権利として，組織再編の差止めの仮処分が認められるという見解も存していた[9]。他方で，被保全権利としては認められないという見解も有力であった[10]。

このように見解の一致をみないことから，立法によって一般的な組織再編の差止請求制度を導入しようとするのがA案であって，要綱に至るまでの議論で，（注1）を盛り込まずに，A案本文を採用することになった。

検討の経緯からしても，新しい規定が他の解釈上の被保全権利を否定する体裁ではないことからも，改正前に解釈論として主張されていた見解は，法改正によって否定されるわけではない[11]。差止めの仮処分を否定してきた立場からは，改正法により一般的な差止請求権に関する規定が創設されたという意義があるし，他方で，肯定してきた立場からも，会社法で差止請求権が明確化されたという意義がある[12]。

3．組織再編の対価の不当性

部会においては，組織再編の対価の不当性を裁判所が審査することについて，

---

8) 岩原・前掲注2)8頁，野村・前掲注7)62頁，田中・前掲注7)24頁～27頁，齊藤・前掲注7)121頁～123頁，白井・前掲注2)214頁～216頁などを参照。株主総会決議取消しの訴え以外の被保全権利についての議論は，齊藤・前掲注7)118頁～124頁などを参照。
9) 岩原・前掲注2)14頁注37で掲げられた文献のほか，江頭憲治郎『株式会社法〔第4版〕』（有斐閣，2011年）820頁注4，得津晶「民事保全法出でて会社法亡ぶ？――会社法に明文なき組織再編差止制度の可能性」法時82巻12号（2010年）31頁。
10) 田中・前掲注7)24頁～27頁，齊藤・前掲注7)122頁～123頁。
11) 田中・前掲注7)23頁～24頁参照。なお，稲葉威雄「平成26年会社法改正を考える」法時86巻11号（2014年）74頁は，「解釈上，明文の定めがなくても，仮処分命令の発令の余地はあると考えられるが，明確な定めがあるほうがよい」とする。ただ，稲葉論文は，簡易組織再編を除外する理由はないと批判する（同頁）。
12) 飯田秀総「組織再編等の差止請求規定に対する不満と期待」ビジネス法務2012年12月号76頁。

その困難さに関する懸念が、いくつかの事項の検討に関連して示された。

例えば、A案本文にいう法令または定款違反には、善管注意義務や忠実義務の違反を含まないことを前提に起草された[13]。これは、仮処分命令申立事件において裁判所は数日という短期間での審理が求められることから、単なる対価の不当性を差止事由にすると、実際上、裁判所の審理が困難であるとの指摘があったためである[14]。

さらに、A案（注1）は、831条1項3号の株主総会決議取消事由に相当するものであり、前述のとおり要綱には取り入れられないことになったが、採用されなかった理由の1つとして、対価の適正さに関する判断を短期間に行うことが困難であるという立場からの反対が多かったと分析されている[15]。

4．法令違反の差止事由

対価の相当性を裁判所が審査することは、とりわけ短期間での判断が求められる保全事件では、必ずしも容易ではない。とはいうものの、対価の相当性が実際に問題になるのは、完全子会社化やMBOなどのように、差止めの対象とされる組織再編に構造的な利益相反が存する場合に限られるであろう。当事会社やその株主などに利益相反の契機が存しないのであれば、組織再編の対価についても、真摯な交渉を一般的に期待することができる。このような場合に、裁判所には独自に対価の不当性を判断することは期待されていないし、また、期待されるべきでもない[16]。

---

13) 岩原・前掲注2)9頁。このような解釈に疑問を呈するものとして、飯田・前掲注12)78頁、白井・前掲注2)217頁～218頁。
14) 岩原・前掲注2)9頁。坂本編著・前掲注2)は、「組織再編の対価が不相当ということは、その差止請求の要件である『法令又は定款』の違反には含まれない」とする（309頁）。坂本ほか・前掲注2)21頁も同旨。
15) 齊藤・前掲注7)126頁。
16) 田中亘「組織再編と対価柔軟化」法教304号（2006年）79頁～80頁、飯田秀総『株式買取請求権の構造と買取価格算定の考慮要素』（商事法務、2013年）18頁～22頁、326頁～330頁ほか参照。

善管注意義務違反が法令違反に含まれないと解することに疑問を呈する論者は，対価の相当性を確保するために，取締役の義務を介在させずに差止事由を構成するように試みている。利益相反の契機のある組織再編においては，適切な情報開示がなされることが肝要であり，重要な情報の不開示を法令違反として捉えようとする[17]。今後の議論において，有益な視点であると思われる。

　のみならず，構造的な利益相反の問題を端的に反映させるのであれば，A案（注1）で示された決議取消事由があることを，法令違反と解釈することが妥当である。改正前から831条1項3号の瑕疵を法令違反と理解してきた論者は，A案（注1）の明文化が見送られたことは，法令違反として差止事由となることを否定するものではないと説いている[18]。また，有効な決議なくして組織再編を行うことは法令違反であるから，法改正後は，株主は差し止める権利を有すると主張する見解もある[19]。

　この見解によれば，A案（注1）を削除した経緯には沿わないが，明文では規定されなかっただけであり，解釈の可能性を封じるものではない。対価の当不当を短期間に裁判所が審査することは難しいであろうが，形式的な手続の瑕疵のみに審査の対象を絞る必要性も存しない。特別利害関係株主による著しく不当な決議という瑕疵の有無は，構造的な利益相反の内容や程度，利益相反の回避措置の妥当性などを審査して決定することになると考えられる。株式の価格決定事件とは異なるから，公正な価格を特定する必要はなく，利益相反の回避措置が十分でなければ，そのことから直ちに著しく不当な決議がなされたと認定することが許されてよい。

　なお，略式組織再編については，価格の相当性が直接的に問われるかのような規定ぶりになっているが，裁判所の実際の審査にあたっては，特別支配会社にな

---

[17] 飯田・前掲注12）80頁〜81頁，白井・前掲注2）218頁〜221頁。
[18] 江頭憲治郎『株式会社法〔第6版〕』（有斐閣，2015年）885頁注4。
[19] 田中・前掲注7）27頁。太田洋＝安井桂大「『会社法制の見直しに関する要綱』を踏まえた実務の検討(6･完)組織再編等の差止請求制度とその論点」商事法務1988号（2013年）18頁，受川環大「組織再編における差止事由の検討」ビジネス法務2014年11月号99頁も同旨。

るに至った経緯などが中心に審査されるべきではないか。そうであるのなら，略式組織再編の差止事由は，一般的な組織再編の差止事由と実質において大きくは異ならないとの評価も可能であろう[20]。

IV. 組織再編行為の無効事由

組織再編行為の無効の訴えについて（828条1項7号〜12号），差止めの可能性を前提として無効事由が検討されることは稀であった[21]。

会社法改正によって差止請求が拡充されたことに伴い，次の2つの視点から，無効事由について検討が必要となろう[22]。

第1に，差止仮処分命令違反は，無効事由となると解するべきである[23]。その理由としては，①略式組織再編の差止仮処分命令に違反することが無効事由となると考えられてきていること，②新株発行差止仮処分を無視して行われた新株発行の効力について，無効事由となると最高裁が判断していることなどがある（最判平成5・12・16民集47巻10号5423頁）[24]。

第2に，差止めの機会が存したにもかかわらず，差止めがなされなければ，法律関係の安定のために，無効事由を従前よりも限定的に解すべきである（新株発行の公示欠缺に関する最判平成9・1・28民集51巻1号71頁と最判平成10・7・17判時1653号143頁参照）。

他方で，通知・公告が欠缺している場合には，差止めの機会が奪われることに

---

20) なお，齊藤・前掲注7)127頁，太田＝安井・前掲注19)18頁〜19頁を参照。
21) 笠原武朗「組織再編行為の無効原因——差止規定の新設を踏まえて」落合誠一先生古稀記念『商事法の新しい礎石』(有斐閣，2014年) 311頁参照。本稿は，上場会社が当事会社となる組織再編を前提とする。改正前の略式組織再編に関して，差止仮処分命令に違反すれば，無効となると解するものとして，江頭・前掲注9)820頁〜821頁。
22) 武井・前掲注1)65頁は，「組織再編における差止制度と無効制度との関係について今後新たな議論が各種展開されることだろう」とする。
23) 江頭・前掲注18)885頁，太田＝安井・前掲注19)19頁。
24) 太田＝安井・前掲注19)19頁。

なるから，組織再編を無効とする可能性もある。とはいえ，もともと組織再編の通知・公告は反対株主の株式買取請求の前提として設計されているから，株式買取請求手続の不備という無効事由として理解すれば十分である[25]。

　また，差止請求を行うか否かの判断に際しては，事前に開示された情報に不備がないことが前提であるが，事前開示の不備の内容によって，差止めとの関係で理解が異なるであろう。すなわち，必要な情報が開示されていない場合には，差止めによる対処を期待することができるから，差止めの段階で争いを決着させて，無効事由とする必要はない。虚偽の開示がなされた場合は，差止めの機会が奪われる可能性があるから，無効事由として，無効の訴えの段階で争わせるほかないであろう[26]。

V. 株式買取請求権

1. 買取口座の創設

　株式買取請求権に関する法改正の多くは，濫用的な株式買取請求の阻止を目的とする[27]。

　株主の機会主義的行動を防ぐために，改正前においても，相手方の会社の承諾を得た場合（改正前116条6項・469条6項・785条6項・797条6項・806条6項〔改正後は各7項〕），または，組織再編の効力発生日から60日以内に価格決定の申立てがなされない場合（改正前117条3項・470条3項・786条3項・798条3項・807条3項〔改正後も同じ〕）でなければ，買取請求を撤回するこ

---

25) 笠原・前掲注21)325頁～326頁参照。
26) 以上について，笠原・前掲注21)326頁～327頁参照。なお，組織再編の当事会社の事後開示事項には，組織再編に関する差止めの手続の経過が追加された（会社則189条2号イ・3号イ・190条2号イ・3号イほか）。
27) 野村・前掲注7)58頁～61頁，岩原・前掲注2)4頁～8頁，坂本三郎ほか「平成26年改正会社法の解説(8)」商事法務2048号（2014年）8頁～9頁，坂本編著・前掲注2)282頁～283頁参照。

とができなかった。

　買取請求に撤回制限がないと，株主は，買取りを通じた投下資本の回収の途を確保しつつも，同時に，株価が高騰した場合に株式を市場で売却して利益を得ることが可能であり，機会主義的行動をとることができる。しかし，撤回が制限されても，反対株主は，買取りを請求した株式を市場で売却することによって，事実上，会社の承諾を得なくても買取請求の撤回が可能となっていた。

　そこで，撤回制限をより実効的にするために，会社法改正整備法（平成26年法律第91号）において，社債，株式等の振替に関する法律（振替法）を改正して，株式買取請求に関する会社法の特例を設けた（改正振替法155条）。

　すなわち，振替株式の発行者は，反対株主に株式買取請求権が発生する行為をしようとする場合には，振替機関等に対して，株式買取請求に係る振替株式の振替を行うための口座（買取口座）の開設の申出をしなければならない（改正振替法155条1項）。反対株主は，株式買取請求をしようとするときに，保有する振替株式について買取口座を振替先口座とする振替の申請をしなければならない（同条3項）。その結果，反対株主は，株式買取請求をすると，その株式を市場で処分することができなくなる。

2．株式買取りの効力発生日

　改正前においては，株式買取りの効力発生日が統一されていなかった。実際に問題と考えられたのは，事業譲渡等をする株式会社，吸収分割株式会社，存続株式会社等，新設分割株式会社などに対する株式買取請求については，代金支払時に買取りの効力が発生するとされていたことである（改正前470条5項・786条5項括弧書・798条5項・807条5項括弧書）。

　このような規定の下では，価格決定手続が遅れている場合などに，反対株主は，遅延利息と剰余金配当との両方を受け取ることになるが，それは望ましくないと考えられた。そこで，中間試案では，株式買取請求をした後に剰余金配当受領権を有しないとすることが検討課題とされた（第2部第4の2（注4））。

　その後の部会の審議では，剰余金配当受領権を否定するのであれば，議決権などの共益権について否定するべきであると考えられた。株式買取請求を行った株

主については，株主としての権利を否定することが素直であり，他の組織再編等と同様に，反対している会社の行為が効力を発生する日に，株式買取りの効力が生じることとされた（470条6項・786条6項・788条6項・798条6項)[28]。

3．価格決定前の支払制度

価格決定を申し立てた株主は，効力発生日から60日を経過すると，年6％という高い利息を得ることができる（786条4項ほか)。この利率が昨今の市中金利に比べて高額であるため，これを利用した濫用的な株式買取請求が起こされていた。

従来は，実務上の工夫として，仮払いの約定がなされたりもしたが，反対株主と会社が合意することが必要であった。中間試案では，価格決定前の支払制度を正式な制度として法定することが提案され（第2部第4の2)，改正法で制度化された。

会社は，株式の価格の決定があるまでは，株主に対し，当該株式会社が公正な価格と認める額を支払うことができる（470条5項・786条5項・788条5項・798条5項・807条5項)。反対株主が会社の支払を拒む場合には，会社は弁済供託を行うことができる[29]。

4．簡易・略式の組織再編等

改正前においては，会社から退出の機会を与えて救済する必要は乏しい場合にまで，反対株主に株式買取請求権が付与されているとの問題意識から検討がなされた[30]。

中間試案では，簡易組織再編等について，反対株主に株式買取請求権を与えないとの考え方が示された（第2部第4の3)[31]。株主総会の特別決議が不要とさ

---

[28] 以上の経緯について，岩原・前掲注2)6頁～7頁，坂本編著・前掲注2)299頁～300頁。また，全般につき，坂本ほか・前掲注27)14頁参照。
[29] 野村・前掲注7)60頁，坂本三郎ほか「平成26年改正会社法の概要」NBL1032号（2014年)16頁，坂本ほか・前掲注27)15頁，坂本編著・前掲注2)301頁。

れていることは，株主への影響が軽微であることが前提となっているとも言える。パブリック・コメントでも賛成する意見が多数であり，改正法でも，株式買取請求権が否定された（469条1項2号・797条1項）。簡易組織再編においては，株主に差止請求権が与えられないこととも，発想が共通している（784条の2柱書ただし書・796条の2柱書ただし書・805条の2ただし書）。

また，略式組織再編等においても，特別支配株主を保護する必要はなく，パブリック・コメントでの意見を入れて，改正法では，特別支配株主の株式買取請求権が否定された（469条2項2号括弧書・3項括弧書・785条2項2号括弧書・3項括弧書・797条2項2号括弧書・3項括弧書）。

VI. 結語

平成26年改正法は，前述のような基本的な姿勢の下で，実際上の不都合を解消するとともに，組織再編等に関する規制の枠組みを明確にしたものであろう。

組織再編等をめぐっては，社会経済状況によって，様々な需要が生まれ，新しい設計が開発されようとするときに，会社法制の過不足が問題となりうる。利害関係人の利益を保護するための規制が過度であるために，利用者の要望に応えることができない可能性もある。新しい設計に際して，必要な道具が会社法制で用意されていないこともありうる。他方で，規制が緩すぎるために，不利益を被る利害関係人が生まれる可能性もある。

時代によって，期待される会社法制の枠組みは異なる。組織再編等に関しては，社会からの期待や要望は，ときに深刻で喫緊のものであったりする。急な社

---

30) 野村・前掲注7)60頁～61頁，岩原・前掲注2)7頁～8頁，坂本ほか・前掲注29)16頁，坂本編著・前掲注2)303頁などを参照。改正法の概要については，坂本ほか・前掲注27)15頁～16頁も参照。
31) 簡易組織再編等における株式買取請求の濫用に関して，小松岳志「株式買取請求権が発生する組織再編の範囲」岩原紳作＝小松岳志編『会社法施行5年——理論と実務の現状と課題』（有斐閣，2011年）130頁～136頁を参照。

会の変化にも迅速かつ適切に対応するためにも，理論と実務を架橋する検討や研究が不断になされることが必要であろう。

＊　校正中に，以下の文献に接した。
　飯田秀総「特別支配株主の株式等売渡請求」商事法務 2063 号（2015 年）29 頁，舩津浩司「キャッシュ・アウト―― 全部取得条項付種類株式・株式併合」商事法務 2064 号（2015 年）4 頁，松中学「子会社株式の譲渡・組織再編の差止め」同 14 頁，小出篤「組織再編等における株式買取請求」商事法務 2065 号（2015 年）4 頁，得津晶「会社分割等における債権者の保護」同 15 頁，福島洋尚「特別支配株主の株式等売渡請求」鳥山恭一＝福島洋尚編『平成 26 年会社法改正の分析と展望』（経済法令研究会，2015 年）68 頁，和田宗久「キャッシュ・アウト手段としての全部取得条項付種類株式と株式併合」同 77 頁，久保田安彦「株式買取請求権に係る規定の整備」同 88 頁，中村信男「組織再編の差止」同 94 頁，北村雅史「会社分割等における債権者の保護」同 102 頁。

会社法改正と実務の課題
—— チェック・リスト

Ⅰ．はじめに

本稿では，平成26年改正会社法施行に伴い，実務で確認しておかなければならない事項をチェック・リスト化する。項目は，要綱の順に従っている。幾ばくかでも実務の参考になれば幸いである。

Ⅱ．監査等委員会設置会社関係

改正法では，新しく監査等委員会設置会社という機関設計が採用可能になる（326条2項等）。移行するかどうかは各社の自由であるが，社外取締役の設置やガバナンス向上への世論の高まりなどを考慮すると，監査役会設置会社から監査等委員会設置会社に移行する可能性も十分あるので，検討課題である。そのチェックポイントは以下のとおり，移行するかどうかと，移行するとした場合の諸準備である。メリットとしては，重要事項の非取締役会事項化による意思決定の迅速化とモニタリング機能への純化，取締役会と経営会議等との役割分担の明確化，社外監査役と社外取締役の重複の回避（員数の適正化），監査等委員会の任期2年化による役員人事の円滑化，ガバナンスの評価向上，社外取締役の職務・責任範囲の限定などが考えられる。これは自社のガバナンスは今後どうあるべきかということを基本から考えて採否を決定すべきである。金融庁のコーポレートガバナンス・コード策定の有識者会議の提言も確認すべきである。複数の

社外取締役を求められる可能性が高い。

　移行する場合には，新しい組織図，諸規程などの立案のほか，移行する意義を外部にPRする戦略も立てる。その際は，かつて委員会設置会社に移行した際の各社の情報開示戦略が参考になる。さらに経営的な視点からは，監査等委員は，監査役が取締役を兼ねたようなものであるから，その報酬のあり方（取締役とのバランス）や今後の役員人事の考え方にも影響を与える可能性があるので，その位置づけを検討する必要がある。

　なお，実務的には，定款変更において監査役に関する責任限定の定款条項を削除する際，過去の監査役の責任についてはその条項が適用できるよう，附則に移して残すか，附則で「従前どおり」と明記するか，何らかの配慮をしたほうがよい。

☐ 移行するか否か
　・メリット，デメリットの検討
　・移行のコスト，手続の確認，時期の検討

☐ 移行する場合の諸準備
　・移行後の体制案策定（組織，役員構成，取締役会の位置づけ・決議事項の範囲等）
　・移行後の諸規程案策定（定款，取締役会規則，監査等委員会規則，権限分配規定，決裁・稟議規程等）
　・監査等委員会による監査体制の整備（監査等委員会監査基準，内部監査部門との関係整備，常勤の有無，ガバナンスについての意見陳述手順，利益相反取引についての承認体制，移行初年度監査に係る監査方針・監査計画，移行時までの監査役監査の引継ぎ等）
　・移行時期の決定（時期，総会・取締役会・監査等委員会等のスケジュール等）
　・株主総会での決議（定款変更，役員選任，報酬等議案と参考書類の起案），取締役会での決議（経営の基本方針等）
　・登記，諸届，各種団体・取引先への連絡の要否
　・新体制の開示戦略の立案（移行する意義，ガバナンスに関する考え方等）

Ⅲ．「社外取締役を置くことが相当でない理由」

　改正法では，一定の場合に，社外取締役を置くことが相当でない理由を開示することになった。この「理由」の内容については，国会の法務委員会での法務省の説明（参議院法務委員会平成26年5月15日，20日［深山卓也］）が参考になる。開示の要件（327条の2）に該当する会社では，いまからその準備が必要である。ポイントは，いかなる理由であれば適法であるか法律専門家の意見を聞くこと，その決定プロセスを決めること，今後社外取締役を選任する場合との整合性を考慮することなどである。定時株主総会での説明，事業報告への記載，株主総会参考書類への記載は，それぞれ要件が異なっているので（時点や社外取締役候補者の有無等）注意する。初年度は，社外取締役が不在で当該理由の説明が必要であるが，他方で社外取締役の選任議案を提出するという会社も多いであろう。その場合は，法律の要請どおり社外取締役を選任するのであるから，不在の理由についてあまり厳しい要求はなされないのではないかと思われる。

□ 定時株主総会での説明
　・開示の要否（施行時期の確認，経過規定はない）
　・開示内容の立案（いかなる理由を述べるか，それは適法な説明になっているか，新規に社外取締役を選任する場合との整合性等）
　・開示内容の決定プロセス（担当役員が決定するか，取締役会等で決定するか）
　・招集通知への記載の有無，総会での議長シナリオ，議事録，想定問答作成
　・従前のコーポレート・ガバナンス報告書，有価証券報告書との整合性または変更の理由の用意
□ 事業報告への記載
　・同上
□ 株主総会参考書類への記載
　・同上

Ⅳ. 社外役員の要件の変更

　改正法では，社外役員の資格要件が改正された（2条15号・16号）。厳格化された部分と緩和された部分がある。簡略化すると，社外監査役については，①就任前10年間その会社または子会社の取締役等でなかったこと，②就任前10年以内にその会社または子会社の監査役であった者については，さらにその就任前10年間取締役等でなかったこと，③現在親会社の役員等でないこと，④現在兄弟会社の業務執行取締役等でないこと，⑤当該会社の取締役等の配偶者または2親等以内の親族でないこと，社外取締役については，①就任前10年間その会社または子会社の業務執行取締役等でなかったこと，②就任前10年以内にその会社または子会社の非業務執行者であった者については，さらにその就任前10年間業務執行取締役等でなかったこと，③現在親会社の取締役等でないこと，④現在兄弟会社の業務執行取締役等でないこと，⑤当該会社の取締役等の配偶者または2親等以内の親族でないこと，となる。②は，連続してその会社で職を得ている者を排斥する趣旨であり，注意を要する。ポイントは，現任グループ役員の中の資格喪失者をチェックすること，今後の役員候補者の選任で資格を確認すること，対応として有資格者を選任するか，子会社などでは監査役会非設置会社に移行するかを決めることである。なお登記関係も錯綜しているので要注意である。逆に社外資格を獲得する者がある場合は，その対応を整理しておく必要がある。

　また省令では，上記の改正に伴い，株主総会参考書類で社外役員に関する開示事項が増加し，社外取締役候補者である場合の過去の経歴の開示の拡大などがなされたので（会社則76条4項等），あわせて施行時期にも留意する。改正に応じて規則での「社外役員」の定義も修正された（会社則2条3項5号）。

□ 要件の厳格化
　・資格を失う現任グループ役員の有無（経過規定は改正法附則4条。3月決算会社は平成28年6月総会までは社外役員となることがある。経過規定は会社単位でみる。平成27年6月総会で新任の社外監査役の任期も注意。経過規定が適用される場合には，株主総会参考書類にもその旨記載す

ることも考えられる。詳細は坂本三郎ほか「平成26年改正会社法の解説(3)」商事法務2043号〔2014年〕11頁参照）
- ・今後選任する候補者の資格チェック
- ・対応の決定（有資格者の選任、監査役会非設置会社への移行、そのまま在任する場合は諸書類での開示方法、責任限定契約の取扱い、登記の有無〔911条3項18号。社外監査役である旨の登記の抹消の有無〕等）
- ・今後の資格要件チェック方法の確認（上記①から⑤までの要件の有無を何によって確認するか、そのマニュアル構築）

□ 要件の緩和
- ・社外性を獲得する者の取扱い（社外役員への振替の有無〔会社則2条3項5号ロ〕、決定手続〔取締役が決めるか監査役が決めるか〕、事業報告等での開示〔会社則124条・74条・74条の2・76条〕、登記の有無〔911条3項18号〕、責任限定契約締結の有無等〔改正法附則4条〕）

V. 役員の責任免除制度の緩和

　改正法では、責任限定契約を締結できる範囲が、社外者から非業務執行者に拡大された。そのため非業務執行取締役や、社内監査役も対象とすることができるようになる（427条）。最低責任限度額も変更された（425条・426条）。責任限定契約の制度は、社外性に着目した制度ではなくなったことから、それを理由とする社外取締役・監査役の登記の制度（改正前911条3項25号・26号）は廃止された。改正法では、非業務執行者の範囲が重要になる。例えば相談役や、純粋持株会社の役員で子会社の業務執行者ではあるが持株会社では担当業務がない者など、どこまで締結可能か確認する必要がある。この点に関する定款変更は、改正法施行前に条件付きで定款変更決議をすることも可能である（坂本ほか・前掲11頁注36）。

□ 非業務執行取締役、社内監査役との責任限定契約制度
- ・定款変更の有無、時期、定款規定の立案（取締役・監査役を一括するか、

条文を置く場所等。従前の責任限定契約の条文を削除して，別の章などに新設する場合には，従前の規定も有効に存続することを附則などに記載したほうがよい。参考，江頭憲治郎ほか編著『改正会社法セミナー——企業統治編』〔有斐閣，2006年〕72頁以下），監査役の同意（427条3項・425条3項），登記（911条3項25号），参考書類・事業報告等での開示

- 責任限定契約締結の有無（非業務執行者性の確認，報酬の有無と責任限度額の確認〔持株会社の兼任役員など〕，取締役会決議・特別利害関係人の該当性）
- 責任限定契約による社外役員の登記の抹消の要否・時期（改正前911条3項25号・26号〔削除〕。改正法附則22条2項）

VI. 監査役の監査体制

　要綱では，株式会社の業務の適正を確保するために必要な体制について，監査を支える体制や監査役による使用人からの情報収集に関する体制に係る規定の充実・具体化を図るとされている（第1部（第1の後注））。具体的には，監査役補助者に対する監査役の指示の実効性の確保に関する事項や，当該会社および子会社の役職員の親会社監査役への報告の体制ならびに報告をしたことによる不利益取扱い禁止の体制などが新設された（会社則100条3項）。親会社監査役への報告としては，直接内部通報の窓口とするか，それ以外の方法によるか，検討の余地がある。362条5項は，厳密には決議義務であって構築義務ではないから，具体的な対応は任意であるが，善管注意義務の観点から10項目の内部統制決議の見直しが必要となる。

- □ 監査を支える体制
  - 監査役補助者に対する指示の実効性の確保に関する事項，監査費用の支出に関しての方針等
- □ 監査役による使用人からの情報収集体制
  - 当該会社または子会社の役職員の親会社監査役への内部通報等の体制，監

査役に情報提供した者への不利益取扱いの禁止等
　□ 内部統制決議の見直し
　　・立案，監査役との協議，取締役会決議，その体制の構築，事業報告等での開示，それらの時期（改正法施行を待つ必要はない）
　□ 監査役諸規程の改正
　　・監査役監査基準の監査体制の条項の改正の要否

Ⅶ．内部統制運用状況の事業報告への記載

　同様に，内部統制の運用状況の概要を事業報告の内容に追加するものとされた（会社則118条2号）。運用状況の記載をするにあたっては，運用状況を取締役会に報告し各取締役がその状況を認識しないと，記載内容の適否を判断できないこともあろう。また不祥事があった場合の運用状況の評価は議論が必要であろう。

　□ 事業報告への記載（3月決算会社は，平成28年3月期からの見込み）
　　・内部統制の運用状況の取りまとめ（担当部署の決定，手順），記載内容の立案
　　・記載プロセス（運用状況の取締役会等への報告の要否）
　　・不祥事があった場合の記載方法（内部統制の評価，改善策，10項目の内部統制決議の変更の有無，取締役の義務違反の有無および監査役の判断との関係，金商法の内部統制報告書の記載との整合性等）
　□ 監査役監査
　　・一般的な内部統制の運用状況の監査のほか，事業報告の運用状況の記載の適否の監査を行う。監査報告書の記載事項の見直しの要否（追加するか）

Ⅷ．会計監査人の選任・解任

　改正法では，会計監査人の選任・解任・不再任に関する議案の内容は，監査役

（会）が定める（344条）。従来は取締役会が行っていたことである。今後監査役がこれを担当することになると，その体制の整備，すなわち，スケジュールや，不再任を判断するにあたっての調査事項，判断基準などを定める必要がある。その関係で監査役監査基準など諸規程の見直しも必要になる。また改正法附則15条によれば，「施行日前に会計監査人の選任若しくは解任又は会計監査人を再任しないことに関する決議をするための株主総会の招集手続が開始された場合」は，現行法が適用され，それが施行日以降の場合に改正法が適用されるが，平成27年にはどちらが適用されるのか，確認する必要がある。もし施行直後の総会から改正法が適用されるなら，監査役の諸規程などは，改正法施行と同時に改正するように周到に準備する必要がある。「手続が開始」したというのは，取締役会の招集決議であるが，五月雨式に決議していく会社は要注意である。

- □ 会計監査人の選任・解任・不再任の決定手続
  - ・監査役監査基準の改正（現在は同意手続について定めている）
  - ・判断スケジュールの策定
  - ・収集する情報の確定（会計監査人からの報告，企業会計審議会・品質管理基準委員会等の品質管理基準，公認会計士・監査審査会の検査結果，日本公認会計士協会のレビュー結果，監査法人に不祥事があった場合の対応，経理部門のインタビュー，監査役との連携状況等，監査方針・監査計画・使用した時間・報酬の額等）
  - ・判断基準の立案（監査の品質に関する上記基準，個別不祥事があった場合の対応等）
- □ 不再任とする場合の対応
  - ・新しい会計監査人候補者の選定プロセス，評価基準をどうするか等
- □ 会計監査人の解任・不再任の方針の決定（事業報告。会社則126条4号）
  - ・監査役（会）において会計監査人不再任の方針を決定，その決定時期，事業報告への反映の有無，株主総会での想定問答

IX. 支配株主の異動を伴う募集株式の発行等

　改正法では，支配株主の異動を伴う募集株式の発行等の手続が改正されているので，そのような行為を行う場合には，注意が必要である（206条の2・244条の2）。

　□ 過半数支配者が生じる新株・新株予約権発行をする場合
　　・手続の変更

X. 新株予約権無償割当て

　改正法では，新株予約権の割当通知につき，現行法で行使期間初日の2週間前までとしているものを，効力発生後遅滞なく，かつ行使期間の末日の2週間前まで等と改正された（279条2項・3項）。

　□ 新株予約権の無償割当てをする場合（ライツ・オファリング）
　　・割当通知の期限

XI. 多重代表訴訟

　改正法では，多重代表訴訟が導入された（847条の3）。その範囲は，大規模な子会社に限定されるなど，広くはない。しかしその影響で株主に対する利益供与禁止の範囲が拡大され（120条），責任免除の手続も修正されるなど（425条以下），買収ビークルを使用したM&Aやグループ再編にも影響を及ぼす可能性があるので注意が必要である。改正法が適用されるのは，施行日以降にその原因となった事実が生じた特定責任からである（改正法附則21条3項）。

　□ 多重代表訴訟の要件を満たす子会社を有する親会社側の対応
　　・提訴請求があった場合の対応の検討（株主資格の確認，濫用の有無の確

認，親会社としての責任追及の要否とその主体の確認，補助参加の可否・有無，親会社の損害の有無の確認等とそれらのマニュアル）
　　・D&O 保険の拡張の有無（子会社役員への加入対象拡大），保険料の支払と報酬の見直し
□ 子会社側の対応
　　・監査役の提訴請求対応マニュアルの整備
　　・提訴請求があった場合の株主資格の確認，濫用の有無等についての親会社との連携，株主への通知等，親会社への通知等
　　・D&O 保険と保険料・報酬の見直し，負担方法
　　・責任免除手続の厳格化と M&A への影響（譲渡対象会社の役員の免責手続の有効性の確認等）

XII. 企業グループの内部統制の決議

　改正法では，「当該株式会社及びその子会社から成る企業集団の業務の適正」を確保するための体制が取締役会決議事項とされた（362条4項6号）。改正後の会社法施行規則100条によると，子会社からの報告体制，子会社のリスク管理体制・効率性体制・コンプライアンス体制などが定められた上，子会社を含めた役職員の親会社監査役への内部通報体制等が追加されており，各社対応が求められる。特に経過規定が設けられていないため，施行時前後に，いつの取締役会で改定決議をするか検討が必要である。

□ 子会社管理体制
　　・子会社の取締役等の親会社への報告体制，子会社の損失の危険の管理に関する規程その他の体制，子会社の取締役等の職務の執行が効率的に行われることを確保するための体制，子会社の役職員の職務の執行が法令および定款に適合することを確保するための体制

XIII. 株式交換等と株主代表訴訟

改正法では，株式交換等により子会社となった会社がある場合，一定の要件の下，子会社の旧株主は，その子会社の役員に対する株主代表訴訟が可能になった（847条の2）。改正法が適用されるのは，株式交換等の効力が施行日以降に生じた場合である（改正法附則21条2項）。今後そのような子会社が生じることに備えて，対策をとることが考えられる。

□ 親会社側の対応
- 提訴請求があった場合の対応の検討（株主資格の確認，濫用の有無の確認，親会社としての責任追及の要否とその主体の確認，補助参加の可否・有無，親会社の損害の有無の確認等とそれらのマニュアル）
- D&O保険の拡張の有無（子会社役員への加入対象拡大），保険料の支払と報酬の見直し

□ 子会社側の対応
- 監査役の提訴請求対応マニュアルの整備
- 提訴請求があった場合の株主資格の確認，濫用の有無等についての親会社との連携等
- D&O保険と保険料・報酬の見直し，負担方法
- 責任免除手続の厳格化とM&Aへの影響（譲渡対象会社の役員の免責手続の適法性の確認等）

XIV. 子会社株式の譲渡

改正法では，重要な子会社株式を譲渡する場合には，株主総会の決議が必要となった（467条1項2号の2）。上場会社本体ではまれなことであろうが，間接保有のグループ会社ではしばしば生じうるので注意が必要である。

□ 総資産額の5分の1を超える子会社の株式の譲渡をする場合
　・M&Aなどの場合の確認

XV. 親会社等との利益相反取引
　　（親会社等との利益相反取引がある会社とその親会社）

　要綱では，親会社等との利益相反取引につき，会社の利益を害さないように留意した事項，当該取引が会社の利益を害さないかどうかについての取締役（会）の判断およびその理由等を事業報告等に記載することとなった（会社則118条5号・128条3項・129条1項6号）。実務的には，これに該当するグループ間取引について，何らかの対策をとるかどうかを検討する必要がある。

□ 親会社側の対応
　・関連当事者取引について何らかの適正措置をとるかどうか検討（公正な取引の基準の検討，確認機関・手順の検討等）
　・内部統制の10項目の決議の修正の要否
　・有価証券報告書の関連当事者との取引の注記（取引条件およびその決定方針）との整合性の確認

□ 子会社側の対応
　・関連当事者取引について何らかの適正措置をとるかどうか検討（公正な取引の基準や公正さ確保のための仕組みの検討，個別の取引の公正さ判断の基準とプロセスの構築等）
　・内部統制の10項目の決議の修正の要否
　・事業報告への記載（留意した事項と個別の判断，その決定プロセス）
　・監査役による監査（監査役監査基準の改正，監査手順・判断基準の設定，事業報告の記載の妥当性の判断基準，監査報告の記載等）
　・有価証券報告書の関連当事者との取引の注記（取引条件およびその決定方針）との整合性の確認

XVI. 監査役の監査範囲の登記
（監査役の監査範囲を会計に限定している会社）

改正法では，監査役の監査の範囲を会計事項に限定した場合，その旨の登記が必要である（911条3項17号イ）。ただし，経過規定がある（改正法附則22条1項）。グループ会社でこれに該当する会社は，附則に従って適切に登記をする必要があるので，親会社は指導が必要である。

□ 監査役の監査範囲の登記
・会計事項に限定した場合

XVII. その他

その他の改正事項は，該当する会社において対応すべきものはあるが，一般の会社は特段の対応は必要がないと思われるので，下記に列挙するにとどめる。

(1) 再編関係の改正（簡易・略式の場合の買取請求の廃止，買取請求と価格決定前支払，差止請求制度創設，分割と債権者保護の範囲，人的分割と準備金計上）（797条1項ただし書・469条1項2号・785条2項2号・797条2項2号・469条2項2号・784条の2・796条の2・805条の2・759条4項〜7項・761条4項〜7項・764条4項〜7項・766条4項〜7項・792条・812条）

(2) 株主名簿の閲覧拒絶事由の削除（改正前125条3項3号〔競業者〕）
・特段の対応は不要だが，認識しておく

(3) 特別口座の移管手続の簡素化（社債株式振替〔平成26年法律第91号による改正後〕133条の2）

(4) キャッシュ・アウト（実施する場合179条以下）

キャッシュ・アウト制度の創設に伴い，新株予約権の募集にあたって，179条2項の規定による請求の方法につき，別段の定めをすることが可能となった（238条1項7号）。これは179条3項ただし書の別段の定めを指すものと思われるが，新株予約権と社債の分離の可否以外の別段の定めもできるのかどうか，

明確でない。いずれにしても，今後新株予約権付社債（あるいは新株予約権を含めて）を発行する際に，キャッシュ・アウトに備えてこの別段の条件を付するかどうかは，検討すべきであろう。従来のMBOの場合には，新株予約権は1円で取得する例が多いが，キャッシュ・アウトの場合に1円という対価で発行会社の取締役が特別支配株主からの売渡請求を「承認」することが義務違反とならないかという問題とも関係しうるからである。

(5) 全部取得条項付種類株式の取得（実施する場合171条の2以下）
(6) 株式併合（実施する場合180条以下）
(7) 株式買取請求と買取手続の改正（116条以下）
(8) 詐害的会社分割・事業譲渡（23条の2）
(9) 発行可能株式総数の制限（113条3項）
(10) 委員会設置会社の指名委員会等設置会社への移行（2条12号等）

・名称の変更に伴い，現在の委員会設置会社は指名委員会等設置会社に変更。定款の規定もみなし変更（改正法附則3条1項）。登記はみなし登記（同条2項）
・社内規程など，必要に応じて名称変更

コーポレート・ガバナンスの諸施策への対応
―― 会社法改正と実務の課題

I. 経済成長戦略として組み込まれたコーポレートガバナンス

1. 日本経済の成長戦略として期待が高いガバナンスの施策

　平成 26 年会社法改正が成立した。上場会社関連で最も関心が高いのはやはりガバナンス関連で，しかも会社法改正を超えて動きが活発となっている。中でも日本経済の持続的な成長に向けた重点施策としてガバナンス強化がうたわれたことが特徴的である。平成 26 年 6 月 24 日に公表された日本再興戦略（「『日本再興戦略』改訂 2014――未来への挑戦」）は「日本経済全体としての生産性を向上させ，『稼ぐ力（＝収益力）』を強化していく」ためには，「企業経営者……が自信を取り戻し，未来を信じ，イノベーションに挑戦する具体的な行動をおこせるかどうかにかかっている」，「日本企業の『稼ぐ力』，すなわち中長期的な収益性・生産性を高め……るには……コーポレートガバナンスの強化により，経営者のマインドを変革し，グローバル水準の ROE〔自己資本利益率〕の達成等を一つの目安に，グローバル競争に打ち勝つ攻めの経営判断を後押しする仕組みを強化していくことが重要である」と述べ，コーポレートガバナンス・コードが策定されることとなった[1]。

　平成 26 年は会社法改正成立に加え，日本版スチュワードシップ・コードの導入，コーポレートガバナンス・コードの策定，さらには GPIF 改革などの動きが一気に起きており，インパクトをもたらしている。

2．中長期的な企業価値向上のための機関投資家等の株主と上場会社の対話の促進

　日本版スチュワードシップ・コードを踏まえ，上場会社側と機関投資家側との緊張感のある対話が今後より活発になる。対話にあたってはコミュニケーションの基本軸が必要となるが，その点に関連して経済産業省から平成26年8月6日に「持続的成長への競争力とインセンティブ——企業と投資家の望ましい関係構築」プロジェクトの最終報告書（いわゆる「伊藤レビュー」）が公表されている。

　伊藤レビューでは日本の上場会社には投資家が重視する指標であるROEが国際比較で見て低位な企業が多いという状況認識を前提にした上で，自社の資本コストへの認識を踏まえていかなる中長期的なROEの向上策を行っているのかが対話の主要アジェンダとなると述べられている。中長期的なROE向上策とは収益性と資本効率性の向上を通じたまさに稼ぐ力の復活であって，中長期で使用すべき資本を減少させることで目先のROEを向上させることを意味していない。そのためには自社の差別化を含めた競争力強化が必要であって，例えば①他社との差別化で顧客に付加価値を提供して価格決定権を持つ，②自社の存在が不可欠となるポジショニングと事業ポートフォリオの最適化を徹底する，③オープンイノベーション等他社との連携も視野に入れた継続的なイノベーションを行う，④時代や自社に合った経営革新に変化を恐れず合理的に取り組むなど，自社の事業収益力を高めるための経営戦略が求められる。中長期的視点を持った機関投資家

---

1)　日本再興戦略はさらに，①「持ち合い株式の議決権行使の在り方についての検討を行うとともに，政策保有株式の保有目的の具体的な記載・説明が確保されるよう取組を進める。さらに，上場銀行，上場銀行持株会社について少なくとも1名以上，できうる限り複数の独立社外取締役導入を促す。また，上場銀行持株会社の100％出資銀行子会社に関しても，独立社外取締役の導入について検討するよう促す」，②「企業と投資家との対話の促進の観点から，株主総会の開催日や基準日の設定等について国際的な状況を踏まえてその運用の在り方についての検討を行うとともに，産業関係団体等におけるガイドラインの検討を行う」，③「企業の投資家に対する情報開示等について，企業が一体的な開示をする上での実務上の対応等を検討する……。これとともに，持続的な企業価値創造の観点から，企業と投資家の望ましい関係構築を促すための，中長期的情報の開示や統合的な報告の在り方，企業と投資家の建設的対話促進の方策等を検討するための産業界・投資家コミュニティ，関係機関から成るプラットフォーム作りを推進する」とも言及している。

等の株主を増やすことを含めインベストメントチェーン全体の中長期的な企業価値創造への最適化を目指すとともに，量（対話回数や対話を行う機関投資家先の数など）を稼ぐ対話よりも中長期的な企業価値を評価する共通基軸を持った質の高い建設的かつ双方向型の対話が企図されている。

　日本の会社法は総会屋対策等として有名な利益供与規制を置き，会社と株主との接触に対して抑制的効果があった。株主と会社との双方向の対話を前提とする方向性は会社法制から見ても1つの転換期である。それと同時に，株主権の適正行使に向けたバランスのとれた規律のあり方は今後も舵取りが必要である。

3．GPIF改革およびJPX日経400

　GPIF（年金積立金管理運用独立法人）の改革では，ポートフォリオの見直し，国内株式受託運用機関の一部入替えなどが行われている。

　GPIFが国内株式の比率を引き上げるのは株式の買い支えなどではなく，あくまで被保険者の利益を守るために必要な金額をできるだけ小さなリスクの下で確保していくことにある。年金資金はまさに長期資金であり，民間企業の経営に対して影響を及ぼさないよう配慮しつつ，長期的な株主利益の最大化を目指す観点から企業のガバナンスを含むESG（環境，社会，ガバナンス）を考慮して株主議決権などの適切な対応を行うこととなる。GPIFは，スチュワードシップ・コードを採択しており，運用委託先の投資顧問会社等に対し，こうした観点に沿った議決権行使の状況をモニターする。スチュワードシップ・コードの趣旨に従い，一律の方針設定による形式的な議決権行使が行われないよう留意されている。

　GPIF改革を経て，資本市場も，資産家のための市場という性格だけでなく，年金などの長期資金がきちんと安心して運用できる市場として機能することがより求められることになる。そして上場企業側としても，中長期的・持続的な収益性向上・生産性向上に向けたガバナンスの取組みを不断に進めていく必要がある。

　JPX日経400の本格稼働も重要な事象である。JPX日経400は資本の効率的利用とガバナンスを構成銘柄選定の1つの基準とする指数で，平成26年1月6

日から算出が開始された。平成 26 年 11 月からは JPX 日経 400 先物取引も開始されている。JPX 日経 400 は GPIF もベンチマークとして採用しているが，3 年平均の ROE，3 年累積営業利益，時価総額，独立社外取締役の選任，IFRS の採用などの諸要素から 400 銘柄が選定されており，稼ぐ力の強化に向けたガバナンス改革の一翼を担う効果を発揮しつつある。

4．コーポレートガバナンス・コードによる「攻めのガバナンス」の実践

　平成 27 年 3 月に「コーポレートガバナンス・コード原案」(以下，「ガバナンス・コード」という) が策定された。

　上場会社は，株主から経営を付託された者としての受託者責任をはじめ，様々なステークホルダーに対する責務を負っていることを認識して運営されることが重要である。ガバナンス・コードは，かかる責務を尽くしていることのアカウンタビリティ・説明責任を果たすなど透明性と公正性のある自社の意思決定過程を前提として，会社の迅速・果断な意思決定を促す，いわば「攻めのガバナンス」の実現を目指すものである。またこうしたコーポレートガバナンスが会社に整備されていることで，グローバルでも市場の短期主義化がいろいろ懸念されている中，市場においてコーポレートガバナンスの改善を最も強く期待しておりその改善が実を結ぶまで待つことができる中長期保有の株主が，まさに辛抱強い資本 (patient capital) として，持続的な成長と中長期的な企業価値向上を目指す上場会社にとって，重要なパートナーとなりうる。

　企業側としては，ガバナンス・コードについて，表面的・形式的に対応しようとするのではなく，まずなぜこうしたガバナンス・コードが策定されているのか，その背景，理由を横串を刺して理解することが重要であろう。今回の一連の施策は，稼ぐ力の復活を含めた日本経済の活性化というマクロの国家的重要課題が 1 つの背景にある。90 年代の不良債権問題を経て，21 世紀に入った日本経済の長期停滞は，設備投資の不足などが 1 つの要因となっているといわれる。技術革新やビジネスモデルの創出などの国内投資にも前向きになる供給側の施策も打っていかないといけない。今回のガバナンス・コードでは，企業活動の積極性を促すため，「攻めのガバナンス」が随所で強調されている。またそれでこそ，

中長期的資金を招き入れることができ，中長期的視点のイノベーションが生み出され，企業が持続的に成長していける。

コーポレートガバナンスは，中長期のリスクマネーを企業が受け入れるために前提として求められる中長期的仕組みでもある。換言すると，ガバナンスがしっかりしていないと中長期のリスクマネーがなかなか拠出されない。

ガバナンス・コードは，企業現場にとっても，自社の持続的な成長のために前向きに活かしていける好機である。そしてこうした個別のミクロレベルでの取組みがあって初めて，マクロレベルでの経済成長戦略など各種改革が前に進んでいくことになる。

5．欧米で活発化しているショートターミズムへの対処

少し違う角度から述べると，欧米ではここ数年，アクティビズムの動向が大変活発である。アクティビストが提案してきた内容でも，中長期的企業価値の観点，収益性や資本効率性の観点から「確かにもっとも」という提案に対しては，受動的なメインストリームの機関投資家も賛同をするようになってきている。株式をそれほど買い集めておらず少数の株式しか保有していないアクティビストでも提案内容が中長期的視点から良ければ他の機関投資家を動かせるわけなので，数兆円規模の時価総額の上場企業であっても，CEOの交代，不採算事業の売却・事業分割といった施策を他律的に採る状況となる例が出ているわけである。

資本市場自体がグローバル化している以上，上場企業はこうした外部環境・状況をよく理解した上で，日頃から建設的対話を経て中長期の株主の目線を理解して経営現場に活かしておく必要がある。

6．ガバナンス・コードへの対応を経たガバナンスの実質的説明

ガバナンス・コードへの対応を経て，ガバナンスに関する開示内容が実質化していくことが期待される。これまでは会社法の規定に従った形式的な開示内容が多かった。

具体的には，中長期的な企業価値向上のシナリオおよびプロセスとして，重要な非財務情報としてガバナンスについて示されることである。例えば，①企業と

して目指す経営理念（原則 2-1），②当該経営理念を踏まえていかにして企業価値を増加させるのか，③経営環境に関する分析（産業ライフサイクルや競争環境の分析，経営環境の変化要因など），④いかなる経営課題を抱えているのか，⑤経営環境の変化に応じた企業価値創造の具体的な経営戦略の内容，⑥⑤の経営戦略を実現させる執行体制・社内体制としてのガバナンスのあり方が説明されることになる。

II．ガバナンスの施策と会社法改正

1．ガバナンス・ポリシー策定の必要性

　コーポレートガバナンスは，企業が社会への付加価値の提供を通じて持続的に企業価値を向上させていくための仕組みである。一連のガバナンスの施策の議論を受け，（先端的な上場会社では既に整備されているが）自社の持続的な企業価値向上を支えるガバナンス・ポリシーを策定し，対外的に積極的に説明する取組みが企業側により一層求められていくことになる。機関投資家等との対話促進の流れの中，OECD ガバナンス原則にも言及されているとおり「長期的で辛抱強い投資家」を誘引するためにも，自社のガバナンスシステムは信頼に足るものでなければならない。

　ガバナンスシステムは，①CEO を含む執行機関（Management Board），②監督機関（Supervisory Board／Monitoring Board。以下，本稿では「Supervisory Board」という），③株主その他のステークホルダー（さらに言うならば社会全体）の 3 層の役割分担から構成され，①の執行機関ほど果たすべき役割と責任が大きい。ただ日本での関心が現在高いのは監督機関の実効性確保の箇所である。そこで以下ではこの点について中心的に述べる。

2．平成 26 年会社法改正とガバナンス・コードを踏まえた監督機能強化

　社外取締役導入がマスコミ等で議論されているが，社外取締役は業務執行をしない役員，非業務執行役員である。日本では社外取締役と監査役が非業務執行役員の代表例である。一般株主からリスクマネーを集めた上場会社では，業務執行

者に対する一定の監督機能（広義の監督機能）を持つ機関を置くことが，世界の共通インフラである。監督機関は，企業が社会に貢献するための基本的方針と体制について議論し，経営者（業務執行者，Management Board）が策定している経営戦略や計画に照らしその成果が妥当か否かを検証する。業務執行を監督する以上，利益相反解消の要請も含め，業務執行を行わない非業務執行役員が監督機関に参画することが会社法で求められている。

　ガバナンス・コードでは，取締役会の職責として，「上場会社の取締役会は，株主に対する受託者責任・説明責任を踏まえ，会社の持続的成長と中長期的な企業価値の向上を促し，収益力・資本効率等の改善を図るべく，(1)企業戦略等の大きな方向性を示すこと　(2)経営陣幹部による適切なリスクテイクを支える環境整備を行うこと　(3)独立した客観的な立場から，経営陣（執行役及びいわゆる執行役員を含む）・取締役に対する実効性の高い監督を行うこと　をはじめとする役割・責務を適切に果たすべきである。こうした役割・責務は，監査役会設置会社（その役割・責務の一部は監査役及び監査役会が担うこととなる），指名委員会等設置会社，監査等委員会設置会社など，いずれの機関設計を採用する場合にも，等しく適切に果たされるべきである。」（基本原則4）と整理された。その上で(1)については「取締役会は，会社の目指すところ（経営理念等）を確立し，戦略的な方向付けを行うことを主要な役割・責務の一つと捉え，具体的な経営戦略や経営計画等について建設的な議論を行うべきであり，重要な業務執行の決定を行う場合には，上記の戦略的な方向付けを踏まえるべきである。」（原則4-1），(2)については「取締役会は，経営陣幹部による適切なリスクテイクを支える環境整備を行うことを主要な役割・責務の一つと捉え，経営陣からの健全な企業家精神に基づく提案を歓迎しつつ，説明責任の確保に向けて，そうした提案について独立した客観的な立場において多角的かつ十分な検討を行うとともに，承認した提案が実行される際には，経営陣幹部の迅速・果断な意思決定を支援すべきである。また，経営陣の報酬については，中長期的な会社の業績や潜在的リスクを反映させ，健全な企業家精神の発揮に資するようなインセンティブ付けを行うべきである。」（原則4-2），(3)については「取締役会は，独立した客観的な立場から，経営陣・取締役に対する実効性の高い監督を行うことを主要な役割・

責務の一つと捉え，適切に会社の業績等の評価を行い，その評価を経営陣幹部の人事に適切に反映すべきである。また，取締役会は，適時かつ正確な情報開示が行われるよう監督を行うとともに，内部統制やリスク管理体制を適切に整備すべきである。更に，取締役会は，経営陣・支配株主等の関連当事者と会社との間に生じ得る利益相反を適切に管理すべきである。」（原則 4-3）と言及されている。

　非業務執行役員の中には「独立」した者も求められる[2]。平成 26 年 6 月の株主総会でも，日本版スチュワードシップ・コードと各種議決権行使基準が相まって，社外役員の独立性について厳しい議決権行使結果が相次いでいる。社外役員の人選は今後とも企業側の重要課題となるが，社外役員が果たすべき役割や個別具体的なベストプラクティス事例について，経済産業省から平成 26 年 6 月 30 日に「社外役員等に関するガイドライン」と「社外役員を含む非業務執行役員の役割・サポート体制等に関する中間取りまとめ」が公表されている[3]。

　上場会社の監督機関は，企業全体としての価値創造への姿勢やコミットメント，環境変化への適応力・課題解決力等を含んだガバナンス体制の実質を投資家との対話の中で伝えることで，投資家が認識する将来の不確実性を低下させ資本コストを引き下げることもできる。

3．監査等委員会設置会社の選択肢の解禁

　海外機関投資家等が求めている社外取締役は，そのままでは日本の監査役会設置会社の取締役として増員しにくい面がある。監査役会設置会社は，取締役会がSupervisory Board のほかに重要な業務執行事項をすべて決める機関としてのManagement Board を兼ねているからである。監査役会設置会社で社外取締役の員数をあまりに増やしていくと，社外者が Management Board に入って重要

---

[2] 独立役員が果たすべき役割について，例えば株式会社東京証券取引所編『独立役員の意義と役割（別冊商事法務 377 号）』（商事法務，2013 年），神田秀樹監修・株式会社東京証券取引所編著『ハンドブック独立役員の実務』（商事法務，2012 年）など。
[3] 解説として，梶元孝太郎「『社外役員等に関するガイドライン』と『中間取りまとめ』の概要――わが国企業のベスト・プラクティスから得られる示唆」商事法務 2040 号（2014 年）38 頁。

な業務執行事項を決めていくという不合理な経営機構となっていくおそれがある。

　平成26年会社法改正では監査等委員会設置会社が新たに解禁された。監査等委員会設置会社では取締役会で決めなければならない事項は監督的事項のみとすることが許容されているので、非業務執行役員である社外取締役を導入しやすい機関設計となっている。

　監査等委員会設置会社で取締役会が決める必要がある法定事項は、以下の7項目である。これらの事項は、非業務執行役員が監督者として決議に参加することに合理性がある事項である。

① 株主総会決議事項（指名、報酬、授権資本枠変更、組織再編等）
② 業務執行を行う役員の選定および解職
③ 経営の基本方針（すなわちプラスの伸ばし方の基本方針）
④ 内部統制システムの基本方針（すなわちマイナスの防ぎ方の基本方針）
⑤ 会社の決算
⑥ 剰余金配当（内部留保するか株主還元するか）
⑦ 利益相反に伴う役員の法的責任の判定に関する事項

　監査役会設置会社の取締役会は業務執行事項を決議することに時間を割かざるを得ないことも多かったが、監査等委員会設置会社の取締役会は、業務執行者のパフォーマンスを評価するとともに、より中長期的な戦略を議論する監督機関の場として位置づけられることになる。

　平成14年に解禁された委員会設置会社（指名委員会等設置会社）においても執行と監督とを分離し、取締役を監督者として純化させ、執行機関としての執行役を置くこととしていた[4]。しかしいろいろな理由により、採用社数は限定的となっている。委員会設置会社で指名と報酬を社外取締役過半数で決めなければな

---

4) モニタリング・モデルを採用する経営機構では、取締役会は業務執行者に業務執行の決定をできるだけ委譲すべきであるという考え方もある。モニタリング・モデルをめぐる最近の議論については、藤田友敬「『社外取締役・取締役会に期待される役割——日本取締役協会の提言』を読んで」商事法務2038号（2014年）4頁に詳しい。

らないとしていた点を，監査等委員会設置会社では株主総会決議事項[5]としている。

4．監査等委員会設置会社は日本流ガバナンスの良さを取り込んだモデルであること

　監査等委員会設置会社に移行する企業が相当程度出てきている。

　監査等委員会設置会社では，日本型のモニタリング・モデルが採用できることで，経営判断の効率性および機動性が格段に高まる利点があり，この点は企業の成長戦略という観点から大変大きい。

　他方で，監査役会設置会社には，日本流の良さ・実効性もあると経営現場からよく指摘される。そして監査等委員会設置会社はこの点についても，こうした監査役会設置会社の良さをきちんと取り入れ，補強していることが特徴的である。

　監査等委員会設置会社では，そもそも監査等委員を，取締役会で選解任するのではなく株主総会で選解任することになっている。監査役が取締役とは別に選任され，報酬等も株主総会で別に決定される構造を監査等委員会設置会社では維持している。取締役会の中の内部機関という位置づけをとっていないところが委員会設置会社と異なっている。

　監査等委員会設置会社では，監査役の良さを取り入れて補強する工夫が施されている。何点かあるが，①監査等委員の選任と報酬決定について他の取締役とは別に総会決議を求めることで，独立性を維持していること，②任期を委員会設置会社の監査委員の任期1年の倍の2年としていること，③監査等委員の解任権は取締役会でなく株主総会にあるとしたこと，④株主総会議案に対する意見陳述権を残していること，⑤指名・報酬について社外取締役2～3名だけで決めることとはしていないことなどがある。

　⑤については，監査等委員会設置会社では，指名・報酬に関して，独立社外取

---

[5] 株主総会決議事項なので，社外取締役が決議に参加した取締役会決議を通常経ていることになる。

締役を必ず含んだ取締役会全体で議論をして，取締役会全体が責任を負うという構造になっている。独立社外取締役を含んだ指名委員会や報酬委員会を任意に作って，その原案を取締役会で議論して決議する形態でも構わない[6]。

また，監査等委員会設置会社は，監査役会設置会社に比して何点か工夫している。冒頭に述べた①意思決定の効率性の向上のほか，②取締役会決議事項に対して議決権があること，③業務執行役員の指名および報酬議案について監査等委員に総会等への意見陳述権があること，④内部統制機能をフルに活用した監査が可能であることが明確にされていることである。さらに監査等委員会設置会社では，利益相反取引への免責権限など非業務執行役員が行うべき権限が新たに付与されている。欧米の Supervisory Board が担っている権限が少しずつながら監査等委員会設置会社でも導入された重要な例である。株主の権能と Supervisory Board 機能との役割分担は，平成26年ガバナンス改革が進んでいくことで今後さらに重要論点になっていく事項だと考えられる（後記Ⅲ3参照）。

以上のとおり，監査等委員会設置会社は，日本流ガバナンスモデルとしてのバランスを図った機関設計である[7]。ここから先の更なる実効性の話は，法制度なり3つの機関設計の優劣といった制度論の話というより現場の問題であって，

---

6) 指名・報酬は利益相反の観点からも Supervisory Board の関与が重要となるところ，ガバナンス・コード補充原則4-10①において，「取締役会に期待される説明責任の確保や実効性の高い監督といった役割・責務に関しては，監査や指名・報酬に係る機能の重要性が指摘されている。また，諸外国では，こうした機能に関しては特に独立した客観的な立場からの判断を求めている例も多い。こうした機能（監査役会・監査等委員会が関与する監査を除く）の独立性・客観性を強化する手法としては，例えば，任意の諮問委員会を活用することや，監査等委員会設置会社である場合には，取締役の指名・報酬について株主総会における意見陳述権が付与されている監査等委員会を活用することなどが考えられる。その際には，コーポレートガバナンスに関連する様々な事項（例えば，関連当事者間の取引に関する事項や監査役の指名に関する事項等）をこうした委員会に併せて検討させるなど，会社の実情に応じた多様な対応を行うことが考えられる。」として，「上場会社が監査役会設置会社または監査等委員会設置会社であって，独立社外取締役が取締役会の過半数に達していない場合には，経営陣幹部・取締役の指名・報酬などに係る取締役会の機能の独立性・客観性と説明責任を強化するため，例えば，取締役会の下に独立社外取締役を主要な構成員とする任意の諮問委員会を設置することなどにより，指名・報酬などの特に重要な事項に関する検討に当たり独立社外取締役の適切な関与・助言を得るべきである。」と述べられている。

いかに器に魂を入れていくのかということに尽きる。

5．会社の健全性維持において監督機関が果たす役割・プロセス

　対外的に見て疑義のある業務執行がなされた場合（会社経営の健全性の観点から疑義がある事象が生じた場合）に，監督機関は会社全体の利益の観点から利益相反のない対応をとり，然るべき説明責任を果たす必要がある。監査役会設置会社では，取締役会がManagement Boardも兼ねていることから，当該業務執行事項が取締役会で決議されている場合，監査役が当該取締役会でチェックして（監査役には取締役会への出席義務がある）リアルタイムで止める事前抑制が果たせるという機能性がある。また，事後に判明した場合でも，取締役会で議決権を行使していなかった監査役としては会社利益のために説明責任を果たせる行動をとるべき仕組みとなっている[8]。

　他方，委員会設置会社や監査等委員会設置会社でモニタリング・モデルを採用する場合には，当該業務執行事項が取締役会で付議されていない場合が多いはずなので，独立役員等が事後的アクションとして会社の説明責任を果たせる然るべき行動をとれる構造である。ただモニタリング・モデル型であっても，機関設計の選択肢によって企業の健全性の維持機能に差異が生じることは避けるべきなので，監査役会設置会社と同様のリアルタイムで止められる仕組みを日本型ガバナンスの良さとして積極的に組み込んでいくべきである。

6．持株会社化による「監督と執行の分離」と企業集団内部統制

　監査役会設置会社から委員会設置会社への移行はあまり進まなかったものの，監督と執行を分離するニーズが日本で放置されてきたわけではない。持株会社化

---

[7]「監査等委員会設置会社という機関設計は，絶妙な折衷案として注目すべき仕組みと言える」と評したものとして，今井卓哉「社外取締役としての職務と期待される役割──日本取締役協会の提言をもとに」信託259号（2014年）16頁など。
[8] この点は，平成23年の監査役監査基準の改定時に，監査役監査基準24条において明記されている。日本監査役協会編『平成23年改定　監査役監査基準・内部統制監査基準──非業務執行役員としての監査役・監査委員の新たな指針（別冊商事法務360号）』（商事法務，2011年）参照。

によって監督と執行との分離を図っている事例は多い。

　委員会設置会社や監査等委員会設置会社は同一法人格内での監督と執行の分離であり，持株会社化は法人格を跨いだ監督と執行の分離である。ただ持株会社化を行った場合，法人格を跨ぐことに伴う遠心力が強く働くため，遠心力が過度に働くことで企業集団全体としての企業価値創造に懸念がある場合には持株会社化は選択されない。

　平成26年会社法改正では，こうした企業集団化に対応して，企業集団内部統制として企業集団全体にリスク管理体制を整備運用することが求められている。この点も，基本的に法人格単位で規律が置かれていたこれまでの会社法から一歩踏み込んだ議論である。会社法の射程範囲からは，企業集団化したことで社会的責任への遵守が後退することのないよう，黄色信号の芽をどこでどう止めてポテンヒットを防止するのかの体制を企業集団全体で構築していかなければならない。

　企業集団内部統制の構築にあたっては，子会社化のメリットをいかに損なうことなく，どこまでの事項を親会社がどう管理するのかの線引き・役割分担が重要となる。

　親会社も子会社の経営現場にいないという点で，企業集団内で一種の非業務執行役員の役割を有する。子会社現場では解消されないおそれがある利益相反があるときには親会社の出番と言える。現場に利益相反がある典型例は不祥事で，マイナスの情報ほど上に早く上がるよう，親会社は子会社に対して求めておく必要がある[9]。逆に「プラスを伸ばす」企業戦略のほうは，現場がよくわかっているので，親会社は経営資源の配分等で統制すれば足りる場面も多い。

---

9) 最近の企業不祥事事案から企業集団内部統制のあり方を分析したものとして，例えば広瀬雅行＝武井一浩「企業集団内部統制（連結内部統制）への実務対応——日本監査役協会『企業集団における親会社監査役等の監査の在り方』提言」商事法務2024号（2014年）4頁など。

Ⅲ. 日本企業の「稼ぐ力」を支える環境整備として今後さらに求められる事項

1. 欧米並みの役員就任環境の整備

　今回の一連のガバナンス改革はあくまで経済成長戦略の一環であり，日本再興戦略にも「経営者……が，『活力ある日本の復活』に向けて，新陳代謝の促進とイノベーションに立ち向かう『挑戦する心』を取り戻し，国はこれをサポートするために『世界に誇れるビジネス環境』を整備する」と明記されている。経営者が挑戦する心を持って収益性を高める環境，健全にリスクをとれる環境を整備することが重要である。その観点から欧米の現状に比べ日本が遅れている点はまだまだ多い。

　ガバナンス・コードでは「本コード（原案）を策定する大きな目的の一つは，上場会社による透明・公正かつ迅速・果断な意思決定を促すことにあるが，上場会社の意思決定のうちには，外部環境の変化その他の事情により，結果として会社に損害を生じさせることとなるものが無いとは言い切れない。その場合，経営陣・取締役が損害賠償責任を負うか否かの判断に際しては，一般的に，その意思決定の時点における意思決定過程の合理性が重要な考慮要素の一つとなるものと考えられるが，本コード（原案）には，ここでいう意思決定過程の合理性を担保することに寄与すると考えられる内容が含まれており，本コード（原案）は，上場会社の透明・公正かつ迅速・果断な意思決定を促す効果を持つこととなるものと期待している。」と言及されている（基本原則4の考え方）。

　第1が役員の就任環境である[10]。米国の上場会社の大半ではby-laws（定款に準ずる規程）において，役員就任に伴って何らかの損害を役員が受けた場合には，役員自身に故意や自己利得行為等がない限り，会社が補償する旨が明示されている。端的に言うと，役員は自らの職務遂行に軽過失があったからといって，

---

10) 議論の詳細については，山下友信＝山下丈＝増永淳一＝山越誠司＝武井一浩〔座談会〕役員責任の会社補償と D&O 保険をめぐる諸論点（上）（中）（下）──ガバナンス改革と役員就任環境の整備」商事法務 2032 号～2034 号（2014 年）連載参照。

個人財産を召し上げられて個人破産することはない。軽過失があったかどうかは当局等の事後判断でどう判定されるかわからない面があるため、有能な人材を上場会社の役員として得るため、欧米では補償制度が整備されている。日本でも役員の第三者責任を含め同様の補償措置を整備すべきである。会社法上の論点は、手続のあり方、特に利益相反性の排除の手続と機関決定のあり方となる。

また、会社役員賠償責任保険（D&O 保険）のプロテクションについても日本の現状は改善すべき点が多い。例えば、D&O 保険料が一部個人負担になっているのは主要国で日本だけである。役員1人に生じている瑕疵が他の役員（社外役員を含む）にも容易に横展開しうる点、防御費用が直ちに役員に支払われない場合が広い点なども欧米の状況と比較すると環境整備を検討すべき論点である。

２．役員報酬の構造改革

経営者が挑戦する心を持って収益性を高める環境として、役員報酬の構造改革も喫緊に取り組むべきテーマの1つである[11]。OECD ガバナンス原則や多くのガバナンスコードにおいても、持続的かつ中長期的な企業価値向上に向けた動機づけとして適正に機能する役員報酬のあり方が、1つの重要テーマとして挙げられている。ガバナンス・コードにおいても「上場会社は、法令に基づく開示を適切に行うことに加え、会社の意思決定の透明性・公正性を確保し、実効的なコーポレートガバナンスを実現するとの観点から、〔取締役会が経営陣幹部・取締役の報酬を決定するに当たっての方針と手続について〕開示・公表し、主体的な情報発信を行うべきである。」（原則 3-1）、「経営陣の報酬については、中長期的な会社の業績や潜在的リスクを反映させ、健全な企業家精神の発揮に資するようなインセンティブ付けを行うべきである。」（原則 4-2）、「経営陣の報酬は、持続的な成長に向けた健全なインセンティブの一つとして機能するよう、中長期的な業績と連動する報酬の割合や、現金報酬と自社株報酬との割合を適切に設定すべき

---

11) 論点の詳細については、武井一浩「経済教室　役員報酬の構造改革急げ――自社株交付の拡充を」日本経済新聞平成 26 年 5 月 8 日付朝刊 28 面、神田秀樹＝武井一浩＝内ヶ﨑茂編著『役員報酬改革論――日本経済復活の処方箋』（商事法務、2013 年）など参照。

である。」(補助原則 4-2 ①) と言及されている。

　役員報酬は, ①固定報酬, ②短期連動報酬, ③長期連動報酬の3つに分けられ, 欧米企業は総じて3つがバランス良く分布している。長期連動報酬の比率向上を求める声が資本市場側に多い中, 日本の上場会社の平均(中間値)は固定報酬が7割を占め, 長期連動報酬は1割前後しかない。長期連動報酬の国際的主流は自社株報酬である。経営者に自社株の長期保有を求めることで, 企業の成長戦略への長期コミットを高めるインセンティブ構造が確保される[12]。一定期間の在職を条件とする Restricted Stock (RS) と一定業績の達成を条件とする Performance Share (PS) を欧米上場会社の7～8割が導入している。

　日本企業も既存の固定報酬に加えて日本版 RS／PS を導入し, 現在の報酬構造を改善していくべきだろう。日本版 RS／PS の受け皿としては信託を活用したスキームが開発され導入事例が広がってきている。

3. 監督機関への利益相反処理の法的権限の付与

　監督機関の機能強化の流れの中で, 監督機関に利益相反処理の法的権限を明確に持たせることも今後の制度課題となろう。この点は株主と企業との対話促進を企業の収益性向上に結びつけるためにも重要である。

　企業経営者が積極的に収益性向上のためにチャレンジをする局面(すなわちプラスを伸ばす局面)において, 収益性を上げるためには, 企業経営者がリスクをとって前に進むことができる環境が必要である。資本市場には, 多種多様な利害

---

[12] 久保克行「日本の経営者インセンティブとストック・オプション」商事法務 2041 号 (2014 年) 49 頁以下は, ①企業の業績向上に向けた経営者としてのインセンティブを検討するにあたっては, 会社から支払われている金銭報酬額以外に, 経営者が保有する持株数が重要である, ②株主価値を一定程度上昇させても, 日本の上場会社経営者は米国の上場会社経営者の 20 分の1しか報酬増をもらっていない, ③日本の上場会社経営者は業績が悪化したら経営者交代というペナルティを受けている一方で, 業績が向上しても所得は増えない構造になっているということは, 日本の経営者は大成功を目指すよりも大失敗を避けることを目的として行動するインセンティブ構造になっていると外から見える, ④業績向上に向けた目標を設定した上で当該目標に対するコミットメントとして報酬と目標を連動させることによって, 機関投資家等から見てより明確に, 経営者が設定した当該目標を理解できる効果がある等と指摘している。

と動機を持った株主が参加している。他方で，機関投資家等の株主と対話を行うことが進むと，多種多様な意見が経営現場に寄せられることとなる。留意すべきなのが「株主の大半の意見である」と一括りにできない事項も現実には多いことである（特に大胆な経営判断事項ほどその傾向は強い）。ある経営判断を行ったら株主Ａグループから反対され，行わなかったら株主Ｂグループから反対されるというジレンマに陥っては，物事が決まらず，企業経営者のチャレンジは促進されない。

また，何か会社の健全性を損なう行為が行われた懸念がある場合（すなわちマイナスを防ぐ局面）でも，株主がいろいろと疑義を呈して動くことは，それはそれでコストがかかる。株主が動く前に，会社利益を踏まえ監督機関が責任を持って動くべきである。

この点に関連して，監督機関が訴訟委員会的機能を有していないことが日本の会社法制上の課題として挙げられる。日本の現行制度では，一株主の判断（しかも当該経営判断を行った時点では株式を保有していなかった一株主の判断でもよい）によって，代表訴訟を開始でき，経営者は時間を訴訟対応に割かれる事態となる。一株主の判断・行為がここまで会社全体に影響を及ぼす仕組みは，サイレントマジョリティの株主の利害に反している場面もありえ，欧米の制度に比してもバランスが悪い。監督機関を強化していく流れの中で，監督機関に付与される利益相反処理権限を法制的に実効化させていくことも，日本企業の「稼ぐ力」の復活のため検討していくべき論点と言えよう。

Ⅳ. 日本の国際競争力の強化に向けた　　オールジャパンでの取組み

繰り返しとなるが，コーポレートガバナンスは，企業が社会への付加価値の提供を通じて持続的に企業価値を向上させていくための仕組みである。ガバナンスに関する一連の動きは，日本企業の中長期的な収益性向上・生産性向上に向けた取組みとして行われている。日本企業ひいては日本経済の国際競争力強化という共通の大きな目標に向かって，関係者がオールジャパンでまさにsame boatで

建設的に，かつ中長期的な視点をもって，協調・連携・対話して進めていくことが重要である。

平成26年会社法改正

CORPORATE LAW REVISIONS IN 2014

第2部

会社実務における
判例の読み方と
平成26年
会社法改正の影響

第2部には，2014年7月24日開催の有斐閣セミナーを収める。当日の基調講演を第1章，パネルディスカッションを第2章に配した。

平成26年会社法改正

CORPORATE LAW REVISIONS IN 2014

第2部　会社実務における判例の読み方と平成26年会社法改正の影響

第1章

会社実務における重要な論点と判例

NUMBER 1

『実務に効く M&A・組織再編判例精選』について

弁護士 **武井一浩**
Takei Kazuhiro

I. 『判例精選』創刊の趣旨・こころ

　弁護士の武井でございます。よろしくお願いいたします。トップバッターでございますが，こちらの講演会は『判例精選』シリーズの刊行を記念いたしましたもので，判例をどのように実務で活かしていくか，――学生の方もいらっしゃるかと思いますが，――どういう形で接していけばいいのかに関して，少しでも皆様のご参考になればと思います。

　ちょうど『判例精選』という極めて新しいものが2013年からできたわけですが，第1号が「M&A・組織再編」だったわけです。「判例精選」というお名前自体がまさに『判例百選』を意識した名前でして，『判例百選』は，法学関係の皆さんならば必ずどこかで接したことがあると思います。せっかく接して学んだ『判例百選』の発展型として，実務に就いたときのために，判例をわかりやすく実務の視点から解説したものができないだろうかというのが，私が伺っております有斐閣さんのお気持ちでした。

　いくつか分野がある中で，最初にやってみようとなったのが「M&A・組織再編」です。その後すぐに，今日この後ご講演の野村先生と松井秀樹先生の「コーポレート・ガバナンス」編が発刊されたわけです。実務をやっていく中で，判例は学びたいのだけど，パラパラ全部追いかけるのはなかなか時間がないというときに，まずはコンパクトに，どのように判例をつかんでいけばいいのか。それを

実務の視点から作り出したのが『判例精選』だと理解しています。

II．総論

1．「実務に効く」の意味

　判例精選は「実務に効く」となっております。実務の視点といってもいろいろあります。例えば我々弁護士の場合は，結構短時間でポイントを早くつかまなければいけないという要請に迫られることがあります。そういった中で，まず大体どのようなことが論点になっているのかを早急に把握する。その上で，いま目の前にあるケースと実際に裁判例になったケースはどこがどう違うのかを分析しなければいけないわけですが，1つの分野に関する判例もきりなくたくさんあるというときに，実務的に重要な切り口を抽出して，その切り口ごとに判例を，特に最近のものを収集してポイントをまとめるという形で編集されております。

　「M&A・組織再編」の表題を見ていただくと，ほかの本とかなり違う切り口で表題が並んでいることがおわかりになると思います。「第1章　M&A契約の解釈」から始まって，いままでにない分け方が25個並んでおります。これは実務で実際，現場で接する論点というベースの切り口で25個並べたものです。ほかの判例精選も実務の視点から項目が並んでおりますので，そういったテーマの並べ方自体が「実務に効く」という1つのポイントになっているわけです。

　あと，この論点に仕事で接したときに，そしていかんせん時間がない中で判例を全部チェックしなければならないというときに，まずどういったことを理解すべきかを，現場の第一線の実務家の方にポイントを書いていただいて，いくつかの判例をわかりやすく取りまとめていただいたわけです。これが判例精選の解説として詰まっています。結局，こういう点がいまは論点なのですということを，解説を読めばわかるものにしようというのが「実務に効く」ということの意味です。できれば何年かごとにどんどんアップデートしていかなければいけないと思いますが，各論点に関して，その一線で実際に仕事をやっておられる方に執筆をお願いして，その方にいろいろ書いていただきましたので，結構濃い中身になっていると思います。これらが「実務に効く」というところの趣旨になるわけで

す。

2．会社法判例の特徴

次に「2．会社法判例の特徴」です。会社法の判例の特徴はこれからパネルディスカッションを含めいろいろ議論が出てくるかと思います。「M&A・組織再編」，「コーポレート・ガバナンス」のいずれも会社法にまつわる判例が結構たくさん入っています。会社法だけではないのですが，会社法の判例が結構多いわけです。

会社法はご存じのとおり，善管注意義務という用語とかもそうですが，一般抽象的な規範の言葉が多いという特徴があります。法律の条文だけを見ていても，なかなか答えは出てこない。実際にどのような間接事実が積み重なってこういう一般抽象的な概念が解釈されるのか，そういう点が重要となる法律です。となると，会社法をきちんと理解するためには，当然判例をきちんと学んでいないと会社法の実像はわからないということです。そういった観点からも『実務に効く 判例精選』がお役に立てばと思っている次第です。

3．個別事例判断と抽出すべき規範・準則の射程

次の「3．個別事例判断と抽出すべき規範・準則の射程」というのもパネルディスカッションで議論が出てくるかと思いますが，いろいろな判例評釈などもある中で，個別の事例判断としてのものなのか，この先一定の規範・準則が抽出できるものなのかという点は，いろいろあるわけです。判例の読み方でも，それだけで立場によって広い／狭いが出てくるわけですが，そういったことも意識した解説を書いていただいています。1つの判例も，どう使うのか，どちらの立場からどう使うのかによって判例の読み方も変わってきますので，そういったいろいろな立場から読むといった多種多様性も示そうということです。判決という文章にしたときに，人によって読み方が変わってくるところもありえます。

4．公開会社関連の裁判例と非公開会社関連の裁判例との違い？

関連して「4．公開会社関連の裁判例と非公開会社関連の裁判例の違い？」で

すが，公開会社の方はどうしても会社法はコンプライアンスの対象と考えますから，絶対的に守らなければいけないものだという発想で会社法を見ることが多いわけです。要するに，1つ判例が出たときに，この会社法の判例は，こういうルールを示したという形で抽出する。上場会社とか公開会社になればなるほど，規範・準則はなるべく広めに取る傾向が出てくるのです。

　他方で会社法の世界では非公開会社の判例もたくさんあるわけですが，非公開会社のほうはどちらかというと，中小企業の中での親族の争いとかの中で，会社法がツールとして使われている側面があるわけです。コンプライアンスの対象というよりもツールであるということですね。それはそれで，上場会社などステークホルダーが多い会社であるほど会社法は遵守する規律の箇所が多くなり，他方でステークホルダーの数が少ない非公開会社の場合には定款自治などの形で当事者の自由度が認められやすく，ツールの性格を持つようになるからです。そういう状況で，非公開会社の裁判例からいろいろな準則を抽出しようとするのは，あてはまらないことも結構多いわけです。個別のこの事案としてはこの解決がよかった。それは実際もめている当事者が会社法をクリエイティブに使っているわけですから，裁判所としてもクリエイティブに会社法を読ませていただきましたという判例もあるわけです。個別の事例判断的な要素が強まる傾向があるということも出てくるわけです。そういった点で，判例を並べたときでも，当事者がどういう人たちで，どういう争い方をしたのかという本質を見ていかなければいけないのですが，実際は実務家が判例を読むときには，物事の本質も短時間で見て，いまの自分が抱えている目の前の事案にどの判例がいちばんなじむのかを短時間で考えなければいけない。そういった観点からも，こういったまとまった書籍があったほうが，パラパラ読んで，この判例のここは参考になるとか，そういった実務としての使い方ができるのではないか。これも『判例精選』の背景にある趣旨となります。

5．M&A分野において裁判例を知っておくことの重要性

　「5．M&A分野において裁判例を知っておくことの重要性」ですが，これもいままでの話と若干重なるところがあります。M&Aが裁判になることは最近増え

ていますが，まだ少ないと。海外などはたくさんあります。でも，いざ裁判になったらどうなるのかということを知っておくことは大変重要で，特に大きな企業になればなるほど，会社法というのはコンプライアンスの対象ですので，これがもし裁判でもめたらどうなるのかということを，意思決定の上に挙げていく段階でも考えておかなければならないわけです。

　しかもM&Aは1つの会社で何回も何回もやることはめずらしい。担当者にとっては一大事なことが多く，物事の重要性が高い分野になりますので，そういったときにきちんと説明がつくよう，M&Aの判例とかも理解しておかなければならない，かなり幅広い裁判例も理解しておかなければいけないということがあるわけです。

　M&Aの判例は少ないのですが，少ないだけにその判例でどういったものがあるのかということは理解しておかないといけない。あとM&Aは案外時間が短い。契約交渉をバンバンやるわけですから，M&Aの契約の解釈などで，売る側，買う側で喧々諤々の交渉をやる中で，お互いが自分に有利な形で判例を言って，交渉してくる場合があります。契約交渉能力という観点からも，判例を読んでいる中でいろいろ思いつくものがあるわけです。

　判例というのは，利害調整の成果物ですから，ロースクールにいる間や法学部にいる間だけではなく，実務に就いても勉強していかなければいけないものです。そういった観点からも裁判例を読んでいくと，本当に実務に活かせるわけです。いま目の前の事案が裁判になるかどうかという視点だけではなくて，契約交渉の場でも裁判例というのは使えるということです。

6．差止判断（緊急判断）と損害賠償請求等の事後的判断

　6番目は，先ほどの公開会社／非公開会社の話に近いのですが，同じ裁判例でも差止めの事前のような緊急で出たものなのか，それとも損害賠償とか無効とか事後的に出されたものなのかによって，深さも違ってくるわけです。同じような規範を言っているようでも，事前のときはこうなる，ゆっくり時間があったらこういう判断になる，という感じの時間の流れに従った判決の読み方の違いなども意識しなければいけない。そういうこともあるので「M&A・組織再編」では事

141

前と事後に判例を分類して解説をしております。

7．裁判所が判断する領域

7番目で，これも判例を読むときの1つの視点ですが，裁判所が何をどこまで判断するかは常に問題になります。特に会社法の世界ですと，株主がいて，債権者もいて，また私的自治の世界が結構ある中で，裁判所が自分で一から判断しなければいけないのかという点が問われることは多いわけです。例えば「ブルドッグソース事件」のように，株主総会である程度決めたことであれば，裁判所の審査する対象は，その株主の判断のプロセスが不当なものではなかったかどうかを裁判所が見ますとか。会社法の世界ですと，どこまでは裁判所が判断する領域なのかが争点になることが多いわけです。

そういった観点からも，この対象事項はここまで裁判所が審査するのだなという役割分担の視点も，会社法の世界では大きな視点になります。そういった視点も『判例精選』の中で汲み取って読んでいただくと，実務に活きるかと思います。

8．地裁の裁判例，高裁の裁判例，最高裁の裁判例の各特徴

8番目は地裁，高裁，最高裁の特徴です。これはぜひ，このあと門口先生と鬼頭先生にお話しいただきたいと思いますが，同じ裁判所でも役割が違う部分があります。判例も，地裁で終わっているもの，高裁で終わっているもの，最高裁が認めているものと分かれているわけですが，なぜここで終わったのだろう，という観点からの判例の分析もあると思います。

『判例百選』で最初に学んで，その後の発展型として作られたのが『判例精選』で，実務でどのように判例を使うのかという前提のテキストとして『判例精選』をご活用いただければ幸いでございます。

Ⅲ. M&A テーマごとの「実務に効く」ポイントの検討・解説

　最後にお手元の「M&A・組織再編」をベースに、M&A でどういったことが起きているのかを簡単にご説明したいと思います。目次に 25 個の項目が 2 ページにわたって出ていますが、そこを話しながら、概略、エッセンスを、いま M&A・組織再編の分野でどういった判例を実務として理解しておく必要があるのかを簡単にご説明しておきたいと思います。

1．M&A 契約の解釈

　M&A におけるわかりやすい判例として、そもそも M&A では契約が交わされることが多いわけです。基本の話はまずは民法の契約法なのです。契約がまずあって、それに民法の特別法である会社法が必要な規律を加えていくという構造です。M&A 契約を契約という視点から見て裁判になった事例が最近増えているわけです。M&A 契約をどう解釈するかという契約法理としての解釈に絞ったのが [1] と [2] のテーマになります。

　M&A 契約の中でも項目を 2 つに分けて、1 つ目が [1]「買収監査と表明保証・補償責任」です。これは重たい、しかもなかなか答えが出ないものですが、買収監査をある程度やったことでどこまでのリスクが買主側に移転したと言えるのかという根本的な問題で、これは事例ごとに争点になります。民法の瑕疵担保の規定とか、売買に関する規律が M&A の文脈ではどうなるのか。そういう事件が裁判所に来たときに、裁判所がどこのポイントをキーにして最後は結論を出してくるのかを解説したのが [1] です。現状の裁判所の利害調整のポイントがわかっていないと、呑んだ契約のリスクがわからないわけです。その観点からという部分は、かなり判例も多いので、きちんと理解しないと M&A の実務ではなかなかうまくいかない。そういうわけで判例をまとめさせていただいたのです。これが 1 番目の「買収監査と表明保証・補償責任」という部分です。

　2 番目の「M&A 契約の重要条項の解釈」もよくある紛争で、契約交渉で最後は重要な事項があとで判明したらこうこうするとか、「重要な」という言葉を入

れることが多いわけです。英語で言うと materiality ですが，materiality の解釈は海外でもさんざんもめておりますし，日本でももめつつあります。これも事例がどんどん集積していますから，「重要な」というのはこういう場面だったらこうだったのだと。どのような判断ファクターで「重要な」ということが決まるのだろうかということを解説・分析したのが【2】になります。この2つのものをとりあえず「M&A 契約の解釈」という観点から典型論点として抽出し，かなりエッセンスよくまとめていただいていますので，M&A に携わっておられる方はぜひ一度読んでいただいて，把握していただければありがたいと思います。

2．M&A の実施判断

「第2章　M&A の実施判断」です。M&A は結構大きな話ですから，M&A をやること自体が，いろいろな利害関係者に影響を与えます。反対する人もいます。どういう判断をしたら，誰から文句が来ますかというのをまとめたのが第2章です。M&A をやるときにどういう判断過程を経ていないと，誰からこういう文句が来ますよという視点で整理したものが第2章です。これも実務の視点です。例えば「株主からどうですか」というのが善管注意義務の話になるので，【3】です。野村先生・松井先生の「コーポレート・ガバナンス」のほうにも絡みます。【3】も結構判断がいっぱいあって，アパマンショップから，相当昔の朝日新聞から始まって，あとは増資の引受けもあれば，最近の MBO まで含めて，いろいろな M&A の判断をする際に，まず会社ないし株主から何か言われないかをまとめたものが【3】です。

株主は【3】ですが，それ以外に「そんな M&A をしたら困る」というように債権者から言われてしまうという事例が【4】です。【3】ほど多くはありませんがあります。

【5】は，【3】，【4】の発展型のものを別に取り出したのですが，これは対象会社への資金援助ということです。株主が経営陣を選ぶのが株式会社の大前提であるところ，経営者が株主を選ぶという選挙の逆さまの構造を作ってはいけない。その延長として，経営者が会社のお金を使って M&A をするのが果たしてどういう場合には会社法の規律にどうひっかかるのですかという整理です。特に切り

出して [5] として，対象会社の資金援助をしてでも M&A をやってもらうということと，株の移動に関して，三井鉱山，國際航業，蛇の目ミシン，グランド東京など，いくつかの判例が出ています。実務でも議論となる論点に関して特別に切り出しています。

3．M&A の事前差止め，事後的効力否定等

第3章，第4章ですが，第3章が「M&A の事前差止め」，第4章が「M&A の事後的効力否定等」となっています。第3章と第4章は，起きてしまう M&A を誰が，いつ，どうやって止められるのかです。M&A が実施される前にどうやって止められますか，というのが第3章です。第4章は，起きたあとの M&A をどうやって，その効力を全部ないし一部否定できますか，です。そういう意味で，実務の中で，いまがいつのタイミングなのかを踏まえて，いつだったら何ができるか，時間が経過したらどう変わるかを書いたのが第3章，第4章です。

第3章は事前のほうで，事前の司法審査の場合に特に判例がいくつか M&A のこういうことに違うので分けたのが [6] ～ [9] です。

第4章の [11] ～ [15] は，事後的効力否定です。[11] が全体を無効にするという話です。[12] はひっくり返すにあたっての株券の電子化に伴う個別の論点です。[13] は，詐害的会社分割で，契約関係の移動のところで事後的に行われた会社分割を実質的に否定する話です。[14] の債務引受広告も [13] と根っこは同じです。[15] は労働契約に関する特別の規律を整理したものになります。

4．M&A 契約外での損害賠償請求等

第5章の「M&A 契約外での損害賠償請求等」も，契約で何も書いていなくても，金商法とか，そういった規定で何らかの損害賠償請求が契約の外で行える場合があることについて整理しています。

5．株式買取請求権・価格決定申立て

第6章は，M&A がされたあとの一般株主が，M&A はもう多数決で決まった

のだからひっくり返せないとしても，自分の株を買取請求権で引き取ってもらうという判例。株対価型と現金対価型で話が違うので，株対価型の［18］と現金対価の［19］ということで分けています。

6．その他

　最後の第7章の「その他」は，いまの分類に入らないが，重要なものをいくつか並べてあります。1つ目に，M&Aをやるにあたって，株主が会社に対してどういう情報を取れるのかということをまとめたのが［20］です。あと公開買付け関連が［22］で，金商法の世界ですが，一般株主を保護している規律に関する解釈を述べたものです。［23］はインサイダー取引規制です。［24］ですが，M&Aで独禁法の競争法の審査は多くの場面で出てきます。実際にM&Aの独禁法の審査が完了していないにもかかわらず，あたかも直前からお互いが合併したかのように話し合ってはいけないというガン・ジャンピング規制についてです。

　最後は，税務です。M&Aをめぐる税務の判例を取りまとめたのが［25］です。
　『判例精選』は実務になるべく活きる形で作っておりますので，ぜひ，皆様ご購入いただけましたら幸いです。「知的財産」とか「労働」編を含めて，ご愛顧のほど，よろしくお願いいたします。ご清聴ありがとうございました。

資料

基調講演レジュメ

Ⅰ．総論

1．「判例精選」創刊の趣旨・こころ
   - なぜ「実務に効く」のか？

2．会社法判例の特徴
   - 経済社会の変動に併せて一般的・抽象的規範で書かれる条文も多い

3．個別事例判断と抽出すべき規範・準則の射程

4．公開会社関連の裁判例と非公開会社関連の裁判例との違い？

5．M&A 分野において裁判例を知っておくことの重要性
   - 当事会社にとっての重要性が高い
   - 準備時間の短さ，契約交渉

6．差止判断（緊急判断）と損害賠償請求等の事後的判断
   注　平成 26 年会社法改正で M&A に対する差止規定が導入

7．裁判所が判断する領域
   - 株主の自治的判断の尊重の場面
   - 債権者利益との兼ね合い
   - 社会全体の利益との兼ね合い

8．地裁の裁判例，高裁の裁判例，最高裁の裁判例の各特徴

Ⅱ．M&Aテーマごとの「実務に効く」ポイントの検討・解説

→ お手元の「判例精選 M&A・組織再編編」をベースに説明

NUMBER 2

コーポレート・ガバナンス実務で重要な論点と判例

中央大学教授　**野村修也**
Nomura Shuya

Ⅰ．はじめに

　ただいまご紹介に与りました野村でございます。今日は30分をいただきまして，コーポレート・ガバナンスに関連する判例の読み方等について，お話をさせていただきたいと思います。

　いま武井先生から，非常にわかりやすいご説明をいただきまして，前半部分で『判例精選』の特徴や読み方についての基本的なお話がありましたので，私は第2巻目の「コーポレート・ガバナンス」編を編集させていただきました関係から，第2巻目で取り上げました判例をいくつかピックアップさせていただきながら，少しお話をさせていただければと思っています。

　それから，今日は会社法の改正という話も少し加えてお話をさせていただこうと思っておりますので，やや総花的な話になるかもしれませんが，このあとに予定されておりますパネルディスカッションの前座になるようなお話ができればと考えております。

Ⅱ．コーポレート・ガバナンス実務の論点

　さて，そこで早速ですが，コーポレート・ガバナンスについて実務上の論点を簡単に整理してみますと，大きく分けて3つの問題領域が浮かび上ってきま

す。

　まず1つは業務執行行為の効力に関する問題です。業務執行の意思決定につきましては，権限が分配されていますが，とりわけ株主総会での決定について，様々なトラブルが起こるということは，皆様ご存じのとおりです。例えば，招集の手続，総会の運営の手続といったところで問題が起こりますと，株主総会決議取消しの訴えが提起されることになります。もちろん取締役会自体についても，例えば特別利害関係のある者が決議に参加していたことなどを理由に，効力が否定されることがあります。

　このように業務執行の意思決定に瑕疵がありますと，それに基づいて行った業務執行行為の効力も問題となるわけですが，ここには若干ブラックボックス的なところがありまして，有効になる場合，無効になる場合，それから判例によく出てまいりますが，民法93条ただし書を類推適用するなどといった問題が出てきます。いわゆる「一般悪意の抗弁」型の解決です。原則有効だけれども，相手方が知っていた，あるいは知りうべかりし場合については無効となりますよ，といった処理の仕方ですね。

　こうした振り分けの結果，業務執行行為が無効となるべき場合については，法律上，当然に無効だという場合もありますが，中には，会社の組織に関する訴えを提起しなければ無効を主張できないといったものも出てきます。この場合には，業務執行の意思決定の瑕疵は，会社の組織に関する訴えの無効原因になるかといった形で議論されることになります。

　そのほか，業務執行には手続がたくさん定められておりますので，手続違反がありますと，また無効の問題が出てまいりますし，さらには代表権そのものに関するトラブルといったものも生じます。ご案内のとおり，代表権を持たない取締役であるにもかかわらず，その者を「社長，社長」と呼んでいたような事例が問題となるわけです。

　第2に問題となるのが，監視・監督のメカニズムです。制度的には，いわゆるモニタリング・システムを機能させるために，社外取締役を活用すべきか否かといった点などが議論されますが，判例という点では，株主による差止請求権や，取締役や監査役の監視義務などが争われます。

これらを踏まえて，第3番目に論じられるのが，役員等の責任です。不祥事を起こした取締役が善管注意義務違反に問われるのはもちろんですが，それを直接的に監視・監督すべきだった取締役の監視義務違反が問われるほか，取締役全体が内部統制システムの構築義務や運用義務の違反に問われる場合が出てきます。

Ⅲ．株主総会の招集と運営

1．取締役の説明義務

　そこでまず，第1の問題領域から例をとって検討してみたいと思います。株主総会の招集と運営の問題を取り上げるとしても様々な判例がありますが，例えば，取締役の説明義務の範囲などはよく争われる問題だと思います。株主総会で株主がその場で質問すると説明義務が発生する。事前に質問状を送っていても，説明義務は発生しないわけですが，その場で株主が質問しますと，説明義務が発生します。この義務を十分尽くしたのかどうか。尽くされていなければ法令違反ということで決議取消しの訴えの対象になります。

　さて，今日，私がここで判例を示させていただきながら強調したいことは，簡単に言えば，判例というのは読むのは難しいということに尽きるわけです。わかったような，わからないような，というところが多分にあるわけでして，特に判例の文言だけを見ていますと，わかった気になるわけですが，実際の事件との兼ね合いで，なぜこんなことが言われているのだろうかということは，なかなか読み取るのは難しいということになります。

　よく学生と話をしていますと，学生は判旨の一部を都合よく切り取って，この文言が，いわゆるレイシオ・デシデンダイすなわち先例拘束性を持っている部分だということで，その射程距離を，概念操作の形で勝手気ままに議論することが多いわけですが，そうした文言中心の議論には注意が必要だと感じます。この点を，説明義務に関する東京スタイルの判決を用いて考えてみましょう。

　お手元にピンク色の『判例精選』がありましたら，その【3】をご覧ください。余談ですが，『判例精選』を作るときに表紙の相談がありまして，「何色がい

いですか」ということだったので，有斐閣がピンク色の六法を発売した時に，学生が「かわいい」と言って買っていたのを思い出し，ピンクにさせていただきました。『判例精選』にはいろいろな色がありますが，そのピンク色のものの [3] に取り上げている判例です。

　[3] を見てみますと，学生などに，例えば「説明義務についてどのぐらい説明すればいいかということについての一般的な基準を述べなさい」と言いますと「平均的株主が合理的判断をするのに客観的に必要な範囲」と必ず答えるのです。どこかで覚えたんだなと思うのですが，そういうワードだけが頭の中に入っているということになるのです。

　実際のところ，例えば東京スタイルの判例も，レジュメに線を引きまして引用していますように，「平均的な株主が基準とされるべき」だとは書いてあります。しかし，よく読んでいきますと，質問株主が，既に保有する知識ないしは判断資料の有無，内容等も総合的に考慮できるのだと書いてあるわけですから，質問者が平均的株主よりもたくさんの知識を持っていたら，そのたくさんの知識を持っていることを前提としての説明で足りるということになるのではないだろうか。こういうことを，判例の中でもちゃんと読んでいかないと，「平均的株主」というフレーズだけが独り歩きしてしまう危険性があります。フレーズ暗記型の実務家は，自分の覚えたフレーズに縛られる傾向がありますが，判例をよく読んでみると，事例の特殊性に根ざして具体的妥当性を追求する糸口が潜んでいることに気づくと思います。要するに，判例というのは，よく読んでみないとわからない部分がある，必ずしも定式化されているものでは割り切れない部分があるということをご理解いただくことが必要かと思っています。

2．会社法の改正

（1）　社外取締役の不設置理由の説明

　今回，会社法の改正では，社外取締役の設置義務の話が出てまいります。社外取締役については委員会設置会社，平成26年の改正会社法では，「指名委員会等設置会社」という名前に変わりますが，この指名委員会等設置会社の場合には，もともと委員会を構成するために社外取締役が必要となっています。新設さ

れた監査等委員会設置会社についても，委員会は1つではありますが，そこに社外取締役が必要ということになりますから，この委員会型のほうについては，社外取締役は義務づけられています。それに対し，委員会を採らない，いわゆる監査役（会）設置会社のパターンの場合については，義務づけは先送りされたというか，義務づけはされなかったということになっています。

しかし，いわゆる comply or explain という考え方が示されて，もし採用しないのであれば説明をしろという話になっていまして，社外取締役を設置することが相当ではない理由を説明しなさい，ということが定められました。

（2）自民党による修正・法務省令への規定内容の追加

そういう意味では，先ほど判例［3］との関係で議論した株主総会での説明の場面に，新たな説明対象が出てきたことになるわけですが，ここには注意すべき問題が潜んでいます。もともと部会で要綱案を作っていた段階では，私も幹事として参加させていただいておりましたし，今日ご登壇いただいている神田秀樹先生も部会の委員の中心メンバーとして議論をリードされていましたが，その段階では，前の年の事業年度に社外取締役を設置していなかった場合には，その事業年度の終わりの段階で社外取締役がいなかったことについての説明を事業報告に書いて説明させるというイメージだったわけです。ご承知おきの方も多いとは思いますが，実は法案を閣議決定して国会に上程する前に，自由民主党での法案審査が行われたわけですが，その過程で重大な修正が加えられています。1つには，事業報告に記載したことを株主総会で説明させることにしたわけですが，一番大事なことは，取締役の選任が議題となっている場合に，その議案として社外取締役が候補者に挙がっていないときには，社外取締役を候補者とすることが相当ではない理由を株主総会参考書類に記載しなさいという規定が，法務省令の中で設けられることになったという点です。

そうなりますと，これは当初予定していた，前の年の事業報告としての説明，すなわち，株主総会で決議すべき議案とは無関係に会社が一方的に行う説明ではなく，現に審議をしている議案に対しての説明という形になるわけで，株主総会参考書類に虚偽の記載があったり，株主総会で参考書類の内容に関する質問が出

た際に不十分な説明や虚偽の説明を行ったりすると，決議の効力に影響してくる可能性があると考えられるわけです。

　そうなりますと，何を，どの程度説明しなければいけないのかという議論になってくるわけですが，その説明の内容等についても，実は自民党との間で交渉がなされていて，最終合意文書の中で，例えばうちには社外監査役がいるから十分なのですというのはだめだというように，具体的に合意されている。これが法務省令に書かれることになっているのですが（注：平成27年改正により，会社法施行規則74条の2に定めが置かれた）。要するに定型的なワンパターンの説明ではだめで，個別具体的な会社の特性に応じた説明をしなければいけないという議論が出てきています。これは今回の会社法の改正との関係で，これから株主総会の説明の中でもいろいろ議論されなければいけないということになってくるわけです。

　先般，6月の株主総会を拝見していますと，この種のガバナンスに関する質問は結構多いわけです。そういう中で，どのような説明をしていかなければいけないのか，これが実務の重要な課題になってきます。それを考えるにあたり，基準になるのはやはり判例であって，そもそも判例が一体どの程度の説明を求めているのかということを調べることが重要になってくると思います。「平均的な株主……云々」といったフレーズを覚えているだけでは全く不十分で，個々の判例の分析を通じて，具体的に説明の仕方を把握していくことが大事だと思います。

3．東証の「独立役員」制度と独立取締役設置の努力義務

　東証には「独立役員」制度というのがあって，独立制の要件というのがあります。会社法上の「社外」の要件を満たすだけでは足りず，さらに厳しい要件を満たさなければ「独立役員」とは認められないわけで，例えば重要な取引先から選ばれている人などは，会社法上は社外性は認められますが，東証の基準に照らせば独立性がないということになるわけです。この齟齬の部分もよく株主総会では質問の対象になっているようです。株主の中には会社法と上場ルールの違いがわからずに，会社法上も独立性が必要なのだと考えて，その説明を求めてくる人がいます。それに対してどう説明すればいいのかといったことがある。この点につ

いて正確な知識を持っている株主と持っていない株主が出てくるわけですが，そういう場合に，どの程度の説明をすればいいのかといったことも出てきます。株主総会の実務では，説明者は株主との間でなるべく法律論争を交わさないように留意するわけですが，今後しばらくは会社法の改正内容の理解が不十分な方に対して，どのような説明をしていくことが求められているのか考えていく必要があるだろうと思います。

Ⅲ．取締役の責任

1．取締役の責任──3層構造

　今度は取締役の責任の話に移ります。言うまでもなく，取締役の責任については，423条に基づく任務懈怠責任，つまり会社に対する債務不履行の特則と，429条に基づく第三者に対する責任が存在しています。

　取締役の責任に関して，通常判例を読むときには3層構造になっているのだろうと私は思います。まずは個別具体的な行為を通じて善管注意義務違反を犯している取締役が真ん中にいるわけです。

　これに加えて，会社法では，その周りにいる取締役の中で，当該行為について認識可能性を持ち，結果を回避することができたようなポジションにいる他の取締役についても，監視義務違反が問われる仕組みになっています。伝統的には取締役の監視義務というのは，取締役会自体が監督権限を持っているということは，その構成員である取締役には監視義務があるのだということで，いかなる属性を持った取締役であったとしても，必ず最低限監視義務はあるのだという議論をした上で，この人自身の属性から見て，監視義務違反について重過失があったのかどうか，あるいは，その監視義務違反と会社の損害との間に因果関係があったのかどうかというところで，かなり丁寧に責任の有無を考えるといった議論が，ずっと積み重なってきたわけです。

2．内部統制システム構築義務

　それに対して，最近になって注目されるようになったのが「内部統制システム

構築義務」に基づく責任です。大和銀行事件以来，注目されるようになった議論です。ちょっと変な比喩かもしれませんが，例えば野球の試合を考えてみますと，エラーをした人がセンターを守っていて，この人はボーッとしていたのでエラーをしました，という話であれば，その人が善管注意義務違反に問われる可能性があります。次に，その周りの人，例えばレフトとかライトとかセカンドの人の責任が問題になります。バックアップは十分だったのかどうか，センターに声を掛けておけばよかったのではないか，注意喚起をすべきだったのではないかなど，いろいろな議論が出てくる。まさにこれがいま申し上げた具体的な監視義務の話なわけですが，この論理だけでは，キャッチャーとかファースト，ピッチャーなどは「このエラーには私は関係ありません。私自身の手の届かない所で起こった出来事なので，それについての責任は負わないでしょう」という話になってしまいます。これが伝統的な議論だったわけです。

　ところが，ちょっと考え方を変えて，センターがエラーしたのは前進守備をしすぎたことに問題があるのだ。つまり，ホームランバッターなのだから，もっと後退して守っていればよかったのに，前進守備をしているからエラーしたのだ，ということになったときに，いったいなぜ前進守備をしていたのかを問題にする必要が出てくると思います。それが単なる個人の判断ミスではなく，チーム全体の作戦だった場合はどうなるのか。やはり，責任はちょっと違ってくるのではないでしょうか。チーム全体の作戦になっていたとすれば，作戦を作ったのだから，みんなの責任じゃないかという話になってきますよね。というこの発想の転換を，取締役の責任にあてはめて，取締役全体の責任を発生させようというのが，内部統制システム構築義務だと言えるわけです。

　これに対して，「いやいや，このホームランバッターの場合には後退して守るという作戦になっていましたよ。作戦に問題はなかったですよ」という話が出てきたらどうなるでしょうか。確かに作戦ミスについての責任を問うことは難しくなりますが，作戦と異なりセンターが前進守備をしていたのだとすれば，キャッチャーであっても気づくはずですから，キャッチャーはタイムを取ってセンターに対して「下がれ」と指示すべきだったのではないかという話になります。つまり，内部統制システムの構築義務には違反していなかったが，その運用義務に違

反していたという議論が可能となるわけで，伝統的な会社法の議論では責任を負わなかったはずの取締役の責任が，少しずつ広がってくるわけです。

　こうした背景には，世の中の人のものの考え方，すなわち，取締役の果たすべき役割についての考え方が広がってきているといった事情があるのでしょうが，しかしながら，これが法律論としてどうなのかが次に問題となります。法律論の責任根拠としてどのように構築していけばいいのかというのは，非常に難しいわけです。内部統制システム構築義務がありますと言って，それ自体を善管注意義務の1つだと言うのは簡単ですが，具体的にどのようなシステムを構築することが求められているのかは難しい問題ですし，運用義務違反の話は先ほど出てきた伝統的な監視義務違反とどのような関係になっているのか判然としない部分があります。あるいは信頼の権利の問題はどのような関係になるのかなど，意外に難しい問題がたくさんあるわけです。こういうところが理論的につまっていない状態のままで，いま実務が動いていますので，何よりも大事なことは，具体的な事件の中で，裁判所がどのような判断を下しているかを個別具体的に見ていくことだと思います。

3．経営判断の原則

　さて，こういった中で，内部統制システム構築義務と経営判断の原則の関係が議論されますが，ここではまず，改めて経営判断の原則について判例を見ておきましょう。経営判断の原則は，情報収集・調査・検討等については，伝統的な善管注意義務は果たされていなければいけない。これが大前提で，それを果たしているのであれば，最終的な判断の部分については，やや冒険的な判断をしても，著しく不合理な判断でなければそれはセーフですよ，という考え方だと整理できます。平均的な経営者が行うであろう判断に一致させることは要求しませんよ，むしろ他人がやらないようなことを生き馬の目を抜くような形でやったほうがビジネスチャンスが得られるのだから，そのこと自体については奨励しますよ，という考え方です。こうした法理の背後には，冒険的試みに成功したときは株主はその果実を得ているわけなので，失敗したときだけ「何をやっているんだ」と責めるのは都合がよすぎる，という考え方があるのでしょう。

（1） アパマン・ホールディングス事件

　ただ，この経営判断の原則についての判例を見てみますと，有名なアパマン・ホールディングス事件の判旨では，「その決定の過程，内容に著しく不合理な点がない限り」という表現になっていて，「過程」という文言が出てくるわけです。決定のプロセスです。このプロセスの部分に先ほどの情報収集・調査・検討が含まれるのだということになると，そちらの基準も平均的な取締役に要求されるような注意義務ではなくて，著しく不合理でなければセーフですよ，という話になるのかどうか，疑問が出てくるわけです。この点，判例を読まずにフレーズを覚えようとする法科大学院の学生などは，「判例が変わりましたね」と言うわけです。いままでと違って，決定のプロセスの部分についても，いわゆる冒険的な試みが許されることになったのだと読んでしまうわけです。

　そこで，この点に関する『判例精選』の【8】の解説を見てみると，この事件については，事案のあてはめの部分で，情報収集等については伝統的な善管注意義務が果たされたかどうかをちゃんと検討していると説明されているわけです。繰り返しになりますが，判旨のフレーズにばかりとらわれていますと，なんとなく「判例は変わりましたよね」と言ってしまう人たちが出てくるわけですので，ここでもまた，判例を丁寧に分析することの必要性がわかるかと思います。

（2） ダスキン事件

　個別の善管注意義務の話に移りますと，有名なダスキンの事件があります。この事件の場合には，肉まんの製造を受注した会社が中国の下請け工場で作らせた大肉まんに，日本では許されていない添加物が入っていたことが問題となりました。この大肉まんを，ダスキンがフランチャイズ・チェーンの形で展開しているミスタードーナツを通じて流通させたという話です。他の業者からの情報で社長らはこの事実を知ることになったわけですが，担当の取締役が口止め料を支払って隠蔽したあと1年以上経ってようやく社長が内部調査によって事実を把握した時には，既に製造は中止しており，当時の大肉まんはすべて消費ないし廃棄されているとの理由から公表をしなかったところ，事件から2年近く経って内部告発によって世間の知るところとなったというのです。

口止め料を払って隠蔽した担当取締役の善管注意義務違反は明らかだったので，こうした隠蔽行為等を阻止できなかった他の取締役の内部統制システムの構築義務が問題となりましたが，裁判所はそれを否定しました。残る問題は，この事実を知ったあとの各取締役の行為，とりわけ，対外的公表を控えたことが善管注意義務違反にあたるかどうかが問題になりました。公表を控えた時点で，おそらく取締役の頭をよぎったのは，いま，これを発表しなくても新しい損害が発生するわけではないということだったと思います。発表したからといって，誰かの損害を回避できるわけではない。なぜかというと，2年ほど前に蒸かして売った大肉まんを食べずに冷凍保存をしている人は，まずいない。ほとんどは食べたか捨てたかしたはずで，いまさら公表しても意味はない。だったらそんなことは言わなくてもいいではないかという，この考え方が，目の前にあるリスクを見誤ったのではないか。実際に，内部告発によって保健所が立入り検査に入ったわけで，その時点で初めて事実を知った一般消費者の目には，いま目の前に不祥事が起こっているように見えてしまいました。その結果，大規模な不買運動が起こって，大きな損害が起こったわけですが，こうした現実と取締役の判断の前提とのずれが，善管注意義務との関係でどのように判断されるのかという議論になったわけで，なかなか難しい問題です。第1審は責任を否定しましたが，控訴審・最高裁は責任があると言いました。この違いはどうして出てきたのだろうかということを，丁寧に分析することが必要な事案です。

　こうした点を理解した上で，内部統制システム構築義務と経営判断の原則との関係を考えてみる必要があるわけですが，この点については，『判例精選』の134頁以下，とりわけ145頁以下に詳しく論じられていますし，『会社法判例百選〔第2版〕』（有斐閣，2011年）でも，私が詳しく論じていますので，そちらをご参照いただければと思います。

（3）　蛇の目ミシン事件

　次に，蛇の目ミシンの話ですが，こちらも非常に難しい問題です。これは仕手筋の株主が株を買い占めていくのに対して，なんとかそれを阻止したいということから，この人から株を買い取ってもらうことをお願いしてお金を渡したことが

利益供与になるかといった問題です。

「株主権の行使に関し」という要件との関係で，株主が株式を譲渡するというのも株主の権利行使なのだということを認めたところまではわかります。そこからよく学生の話を聞いていると，必ず言うのは，「株主から株を買い取るのにお金を渡すと利益供与になるのですよね」と言う。ここでもまた，パッケージ化された知識が独り歩きしてしまうわけですが，本件は言うまでもなく非常に特殊な事案です。その事案の特殊性とか，実際にそれが社会にとってなぜ悪いと言われるのかといったことを，一般の株式の買取りの場合と比較しながら，きちっと射程を考えていかなければならないわけです。そもそも利益供与の条文が何でもあてはまる広い要件になっているために，事案を抽象化しすぎますと，何でも利益供与にあたってしまうという問題が出てきます。その意味で，ここでもまた，判例の事案を丁寧に分析する姿勢が大事になってくるかと思います。

4．会社法の改正と内部統制の充実

ここで，内部統制システムの話に戻りましょう。法律上は決議をしなさいと言っているわけですが，決議はしたがそのとおりに構築しなかったとか，構築しているけれども決議は十分ではなかったという場合，何が責任の根拠になるのか。このようなことも今後は，きちっと議論していかなければなりません。なぜなら，内部統制に関する規律は，今回の会社法改正でも重要な役割を演ずることになっているからです。

内部統制システムは判例には毎回登場しますが，ご存じのとおり，これによって責任を負ったというケースはほとんどありません。最も有名なのは大和銀行事件です。最近では429条の責任との関係で，詐欺的な取引に絡む説明義務違反との関係で問題となった事件があります。説明義務といっても，金融商品等を販売するときの説明義務違反との関係です。いずれにせよ，内部統制システムの構築義務違反が責任に結びついた事件は非常に少ないということになっています。

さて，会社法の改正との関係では，内部統制については，いくつかの改正点があります。内部統制の内容を充実させようと，現在，会社法施行規則98条，100条，112条に，内部統制について細かなことが書いてありますが，そこを少し充

実させましょうというのが1つです。内部告発のことについても決議しましょうという話です。また，決議の対象にはなりませんが，内部統制システムの運用に関する規律が追加されることになっています（注：平成27年改正後会社法施行規則118条2号）。取締役会での決議までは要求されませんが，事業報告を通じて，運用の状況を開示することが義務づけられます。

さらには，現行法にもあるものですが，企業集団による適正を確保するための，いわゆるグループ・ガバナンスに関する内部統制ですが，これを省令から会社法の条文に格上げするというものです。何をしようとしているかというと，後ほどのパネルディスカッションでも議論になるかと思いますが，親会社の取締役の子会社管理責任に関する東京地方裁判所の判決（平成13・1・25判時1760号144頁）を，今回の改正によって，否定しようという目論見があるやにも読める改正なわけです。要するに，責任を限定した裁判例に対して，法改正が見直しの機運を高めることになるのではないかといった思惑が読み取れる改正になっているわけです。

5．株主代表訴訟を提起できる範囲

次は，代表訴訟を提起できる範囲に関する判例ですが，これも難しい問題を含んでいます。代表訴訟については，代表訴訟を起こすにあたって，会社の取締役に対する損害賠償責任，特に423条に基づく責任に関しては，総株主の同意がなければ免除できませんから，1人でも株主が代表訴訟を起こしているということになれば免除の余地はないわけです。ですから，会社側の判断と代表訴訟を起こすことは矛盾しない形になるわけですが，そのほかの会社の持っている取締役に対する債権であれば，会社自身が経営判断で，それは行使しないという選択肢がある一方で，代表訴訟を認めてしまうと，そこに矛盾が生ずる可能性があるということです。言い換えれば，代表訴訟を認めてしまいますと，会社の経営判断の余地を否定してしまうことになるのではないかという矛盾点，問題点があるわけです。

そういう中で，昔から取締役の地位に基づく責任に限定して代表訴訟を認めましょうという議論があるわけですが，最高裁の平成21年の判決（平成21・3・

10民集63巻3号361頁）は，それを少し広げて取締役の会社に対する取引債務に関する責任も含まれるとしました。そうしますと，いきおいこの射程がわからなくなってしまいます。所有権に基づく移転登記手続に係る請求が射程外であることについては事案からわかりますが，そのほかの債務，例えば不法行為に基づく損害賠償請求権はどうなるのだろうかとか，取締役就任前に負担した会社に対する損害賠償責任は一体どうなるのだろうかということは，全くわからなくなってしまいました。その意味で，この判例については，「取引債務」といったフレーズを覚えただけでは，その射程距離は定まらないわけで，ここでもまた，判例の丁寧な分析が必要になってくるわけです。

Ⅳ．親子会社

　時間がありませんので，終わりにしたいと思いますが，親子会社の話で締め括らせていただきます。会社法の改正で親子会社に関連するものとしては，いわゆる多重代表訴訟が認められることになりました。多重代表訴訟を説明する時間はありませんが，一番のポイントは，親会社の株主が子会社取締役を代表訴訟で訴えることができるという制度です。もちろん，何でもかんでもそれを適用するのではなく，子会社株式の帳簿価額が最終完全親会社の総資産額の5分の1を超える場合ということですから，その適用対象は極めて限定的です。親会社から見て，子会社の規模がものすごく大きいという会社でしか適用がないことになっています。

　そうだとすると，この問題はうちの会社には関係ありませんよね，となりそうですが，部会での議論の中で注目されたのが，むしろこういう場合は親会社の取締役の子会社管理責任を親会社株主は追及すべきではないかという問題です。そもそもこれの適用があるのは，親会社のほうに損害が生じている場合です。子会社の取締役の不祥事がきっかけとなって親会社に損害があるから親会社株主が困っているという話になっているわけですから，そういうときに，自分が投資をしている会社の取締役に子会社管理責任が十分果たされなかったことが原因ではないのかと言って，代表訴訟を起こす。これで十分なのではないか，という議論

になったわけです。そのことは部会でもずいぶん議論されたわけで，そこで先ほど出てきた内部統制の部分で，ガバナンスの中でもグループ・ガバナンスに関する内部統制については，省令から法律の条文に格上げしようという議論になったわけです。

　そうなったときに，いよいよ注目されるのは何かと言いますと，子会社の取締役の不祥事について，親会社の取締役の管理責任が問われるのは，いったいどういう場面なのかということです。今日はこの話で終わりですが，『判例精選』の中でも【13】に取り上げさせていただきました。これは責任が認められたケースを挙げているわけです。レジュメには2件掲げていますが，上のほうは昔，自己株式の取得に関するルールとして，子会社による親会社株式の取得のルールが存在しない時代に，子会社に命じて親会社株式を買い取らせるという行為を行ったことによって，子会社に大きな損害が出たという事件があったわけですが，このときの親会社の取締役が具体的に指示を出していますから，責任があるのではないかという議論です。

　下のほうは，福岡の魚市場の事件で有名な裁判例ですが，子会社が循環取引による粉飾をやっていたのですが，親会社の取締役がそれをやるように命じたわけではないのです。そうではなくて，完全親会社の調査が不十分であったために完全親会社の取締役の善管注意義務違反が問われたという事件になっているわけですが，果たしてこのような事案で，親会社取締役は何ができるのか，何をしなければいけないのかということが大きな問題となってくることになるわけです。

　このような事例をも踏まえた上で，もう少し考えなければいけないのは，果たしてどのような理論的な根拠があって，こんなことが議論されることになっているのだろうかということですが，この点を，突き詰めて考えてみると，いろいろな問題点があるということになるわけです。

V．おわりに

　今日は会社法の改正も含めてということなので，全部の問題は取り上げませんでしたが，『判例精選』を読んでいただいて，一番大事な点は，やはり判例は摩

訶不思議だということです。つまり，判例というのは読めば読むほど難しいのです。どうしても言葉だけでとらまえて，ここの文言，フレーズだけをという形で理解をしがちですが，そういう形ではなかなか実務は動かないので，実際にこの『判例精選』の中に取り上げられているような形で類似の事例をたくさん集めてきて，その中で，なぜこういった差別化が行われているのかを丁寧に分析していくことが必要になってくるのだろうと思うわけです。

　そこで摩訶不思議で終わるわけですが，なぜここで終わるかというと，このあとに，なぜ摩訶不思議なのかということを，元裁判官のお二方と東京大学の神田先生にご登壇をいただいて，それを解明しようということが今日の後半のテーマとなりますので，私としては，皆さん方の気持ちの中で問題意識を持っていただいたところでお話を終わらせていただければと思っております。最後まで清聴いただきまして，ありがとうございました。

基調講演レジュメ

Ⅰ．コーポレート・ガバナンス実務の論点

▶ 3つのテーマ

・業務執行行為の効力

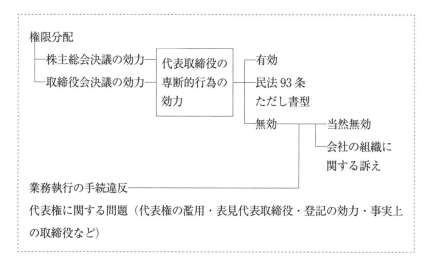

・監視・監督メカニズム

・役員等の責任

Ⅱ．株主総会の招集と運営

▶取締役の説明義務（判例精選［3］）

「実際の株主総会の場面において，議決権行使の前提としての合理的な理解及び判断を行い得る状況にあったかどうかを判断するに当たっては，会議の目的たる事項が決議事項である場合には，原則として，<u>平均的な株主が基準とされるべき</u>である。」「平均的な株主が決議事項について合理的な理解及び判断を行い得る程度の説明がなされたかどうかの判断に当たっては，質問事項が本件各決議事項の実質的関連事項に該当することを前提に，当該決議事項の内容，質問事項と当該決議事項との関連性の程度，質問がされるまでに行われた説明（事前質問状が提出された場合における一括回答など）の内容及び質問事項に対する説明の内容に加えて，<u>質問株主が既に保有する知識ないしは判断資料の有無，内容等をも総合的に考慮して</u>，審議全体の経過に照らし，平均的な株主が議決権行使の前提としての合理的な理解及び判断を行い得る状態に達しているか否かが検討されるべきである。」

▶会社法の改正　社外取締役の不設置理由の説明

・監査役会設置会社（公開会社であり，かつ，大会社であるものに限る。）であって，その発行する株式について有価証券報告書の提出義務が課される会社
・終了した事業年度に社外取締役を置いていない場合，その事業年度に関する定時株主総会において，社外取締役を置くことが相当でない理由を説明しなければならない（327条の2）

▶自民党による修正

第三百二十七条の二

　事業年度の末日において監査役会設置会社（公開会社であり，かつ，大会社であるものに限る。）であって金融商品取引法第二十四条第一項の規定によりその発行する株式について有価証券報告書を内閣総理大臣に提出しなければならないものが社外取締役を置いていない場合には，取締役は，当該事業年度に関する定時株主総会において，社外取締役を置くことが相当でない理由を説明しなければ

ならない。

附則第二十五条
　政府は，この法律の施行後二年を経過した場合において，社外取締役の選任状況その他の社会経済情勢の変化等を勘案し，企業統治に係る制度の在り方について検討を加え，必要があると認めるときは，その結果に基づいて，社外取締役を置くことの義務付け等所要の措置を講ずるものとする。

▶法務省令への規定内容の追加
(1)　事業報告における開示
　法務省令において，公開・大会社である監査役会設置会社であって株式についての有価証券報告書提出義務を負う株式会社が社外取締役を置いていない場合には，「社外取締役を置くことが相当でない理由」を事業報告の記載事項とする旨を定めるに当たって，その事業報告における記載に関し，概要，以下の事項を定めることとする。
・「相当でない理由」は，個々の株式会社の各事業年度における事情に応じて記載しなければならないこと。
・社外監査役が2名以上あることのみをもって「相当でない理由」とすることはできないこと。
(2)　株主総会参考書類における開示
　株主総会参考書類の記載事項を定める法務省令中の適切な場所に，概要，以下の内容の規定を追加することとする。
・公開・大会社である監査役会設置会社であって株式についての有価証券報告書提出義務を負う株式会社が，社外取締役を置いていない場合であって，社外取締役の候補者を含まない取締役の選任議案を株主総会に提出するときは，「社外取締役を置くことが相当でない理由」を説明しなければならないこと。
・「相当でない理由」は，個々の株式会社の当該時点における事情に応じて記載しなければならないこと。
・社外監査役が2名以上あることのみをもって「相当でない理由」とすることはできないこと。

▶東証の「独立役員」制度と独立取締役設置の努力義務

独立役員制度
・経営者から著しいコントロールを受ける可能性のある者（当該上場会社・子会社・下請け先などの取引先の役員・従業員，報酬を得ているコンサルタント，近親者等）は独立性に懸念あり
・経営者に対して著しいコントロールを及ぼしうる者（親会社・メインバンクなどの取引先の役員・従業員，近親者等）は独立性に懸念あり
・「独立役員届出書」（1名で足りる）
・コーポレート・ガバナンス報告書にて開示

独立取締役設置の努力義務（有価証券上場規程の改正：2014年2月10日施行）
第445条の4　上場内国株券の発行者は，取締役である独立役員を少なくとも1名以上確保するよう努めなければならない。

コーポレート・ガバナンス報告書の記載【社外取締役を選任していない場合】
社外取締役に期待される役割を代替する，独自のコーポレート・ガバナンス体制の整備，実行に係る内容について具体的に記載。例えば，社外のチェックという観点からは，社外監査役による監査を実施していることも考えられますが，その場合は，取締役と監査役では法的にも役割が異なる部分があることを踏まえて，その差異を含めて社外取締役に期待される機能を代替する仕組みの内容について記載することが考えられます。その他，経営監視機能の強化に係る具体的な体制やその実行状況，経営監視機能の客観性及び中立性の確保に対する考え方を含めて記載することが考えられます。社外取締役の導入を検討したことがある場合は，その採用を見送った理由も併せて記載することが考えられます。

Ⅲ．取締役の責任

▶**取締役の責任**

```
┌─────┐           ┌─────┐
│第三者│---------- │会　社│
└─────┘           └─────┘
```

(1) 会社に対する責任
①任務懈怠責任（423条）
・承認なき競業取引の特則（423条2項）
・利益相反取引の特則
　（423条3項・428条）

(2) 第三者に対する責任
　　（429条）
・<u>任務懈怠</u>
・故意または<u>重過失</u>
・第三者の損害
・因果関係

②利益供与の責任（120条4項）
③現物出資財産の価額填補責任
　（213条・286条）
④剰余金の配当等に関する責任（462条）

取締役

不法行為責任とは別個の法定責任（場合によっては不法行為責任との競合が生ずる）
・<u>違法性（直接的な権利侵害など）</u>
・故意または過失
・第三者の損害
・因果関係

▶**取締役の責任（3層構造）**
・具体的な善管注意義務違反
　－直接的な違反者
　－監視義務違反者
・内部統制システム構築義務違反
・内部統制システム運用義務違反

▶経営判断の原則

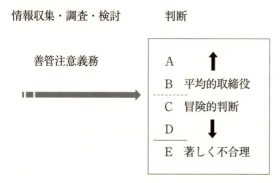

▶アパマン・ホールディングス事件（判例精選［8］）
最判平成 22・7・15 判時 2091 号 90 頁
「株式取得の方法や価格についても，取締役において，株式の評価額のほか，取得の必要性，Z 社の財務上の負担，株式の取得を円滑に進める必要性の程度等をも総合考慮して決定することができ，その決定の過程，内容に著しく不合理な点がない限り，取締役としての善管注意義務に違反するものではないと解すべきである。」

▶企業不祥事と公表義務（判例精選［12］）
・ダスキン株主代表訴訟事件（大阪高判平成 18・6・9 判時 1979 号 115 頁：最決平成 20・2・12 が上告受理申立てを退け確定）
  - 「現代の風潮として，消費者は食品の安全性については極めて敏感であり，企業に対して厳しい安全性確保の措置を求めている。」
  - 「過去になされた隠ぺいとはまさに正反対に，自ら進んで事実を公表して，既に安全対策が取られ問題が解消していることを明らかにすると共に，隠ぺいが既に過去の問題であり克服されていることを印象づけることによって，積極的に消費者の信頼を取り戻すために行動し，新たな信頼関係を構築していく途をとるしかない」。

▶反社会的勢力と利益供与の禁止（判例精選 [5]）
・蛇の目ミシン工業事件（最判平成 18・4・10 民集 60 巻 4 号 1273 頁）
  - 会社から見て好ましくないと判断される株主が議決権等を行使することを回避する目的で，当該株主から株式を譲り受けるための対価を何人かに供与する行為は，「株主の権利の行使に関し」利益を供与する行為にあたる。
  - 「証券取引所に上場され，自由に取引されている株式について，暴力団関係者等会社にとって好ましくないと判断される者がこれを取得して株主となることを阻止することはできないのであるから，会社経営者としては，そのような株主から，株主の地位を濫用した不当な要求がされた場合には，法令に従った適切な対応をすべき義務を有する」。

▶決議義務と内部統制システム構築義務の関係
・決議義務
  - 事業報告による開示（施行規則 118 条 2 号）（インターネット開示も可）
  - 監査役または監査委員による監査（施行規則 129 条 1 項 5 号，130 条 2 項 2 号，131 条 1 項 2 号）
  - 会計に関する事項ではないので，会計監査人の監査対象にはならない
・内部統制システム構築義務
  - 取締役の善管注意義務の問題
  - 決議が要求されていない会社でも構築義務はある
  - 単に決議するだけでは足りず，システムを構築し，その機能を発揮させることが必要
  - それを怠れば，会社に対する責任（423 条）＋株主代表訴訟（847 条）

▶内部統制システム構築義務（判例精選 [14]）

・東京地判平成 11・3・4 判タ 1017 号 215 頁（東京電力事件）：支店における水増し発注等
・大阪地判平成 12・9・20 判時 1721 号 3 頁（大和銀行事件）：証券の無断売買
・東京地判平成 16・12・16 判時 1888 号 3 頁・東京高判平成 20・5・21 判タ 1281 号 274 頁（ヤクルト本社事件）：デリバティブ取引による損失
・大阪地判平成 16・12・22 判時 1892 号 108 頁・大阪高判平成 18・6・9 判時 1979 号 115 頁（ダスキン事件）：食品衛生法違反
・東京地判平成 16・5・20 判時 1871 号 125 頁・東京高判平成 17・1・19 判例集未登載（三菱商事事件）：米国独禁法違反
・東京地判平成 17・2・10 判時 1887 号 135 頁（雪印事件）：牛肉偽装
・東京地判平成 21・10・22 判時 2064 号 139 頁（日本経済新聞社事件）：インサイダー取引
・東京地判平成 19・11・26 判時 1998 号 41 頁・東京高判平成 20・6・19 金判 1321 号 42 頁・最判平成 21・7・9 判時 2055 号 147 頁（日本システム技術事件）：架空売上げ計上

▶会社法の改正と内部統制の充実

・内部告発制度，内部統制運用状況の開示
　株式会社の業務の適正を確保するために必要な体制について，監査を支える体制や監査役による使用人からの情報収集に関する体制に係る規定の充実・具体化を図るとともに，その運用状況の概要を事業報告の内容に追加するものとする。
・企業集団の業務の適正を確保するための体制
　株式会社の業務の適正を確保するために必要なものとして法務省令で定める体制（362 条 4 項 6 号等）の内容に，当該株式会社およびその子会社から成る企業集団における業務の適正を確保するための体制が含まれる旨を会社法に定めた（348 条 3 項 4 号・362 条 4 項 6 号・416 条 1 項 1 号ホ）。

▶株主代表訴訟を提起できる範囲（判例精選［19］）

最判平成 21・3・10 民集 63 巻 3 号 361 頁

（含まれるもの）

　　取締役の地位に基づく責任

　　取締役の会社に対する取引債務に関する責任

（含まれないもの）

　　所有権に基づく所有権移転登記手続に係る請求権

（射程距離）

　　不法行為に基づく損害賠償請求権

　　取締役就任前に負担した会社に対する損害賠償責任

Ⅳ．親子会社

▶親会社株主の保護

・多重代表訴訟の創設（847 条の 3）

　　－最終完全親会社の株主に限る

　　－子会社株式の帳簿価額が最終完全親会社の総資産額の 5 分の 1 を超える場合に限る

　　－6 カ月継続保有

　　－1％保有の少数株主権

　　－却下要件（親会社に損害が生じていない場合）

▶最終完全親会社

　　最終完全親会社とは，株式会社の完全親法人である株式会社であって，その完全親法人（株式会社であるものに限る）がないものをいうものとする。

（注）　完全親法人には，株式会社の発行済株式の全部を直接有する法人のみならず，これを間接的に有する法人も含まれるものとする。

＝ X 社と，D 社は「株式会社」（＝海外法人含まない）

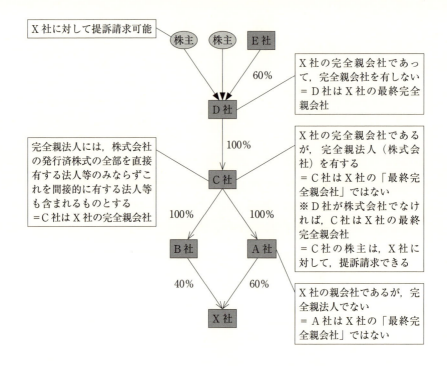

▶親会社取締役の子会社管理責任（判例精選 [13]）

・最判平成 5・9・9 民集 47 巻 7 号 4814 頁

　親会社が主導して，子会社に親会社株式を違法に取得させそれを廉価で転売させたため，完全子会社が損害を被った事例で，完全子会社が被った損害について完全親会社の取締役に損害賠償を命じた判例

・福岡高判平成 24・4・13 金判 1399 号 24 頁

　循環取引に類似した行為を繰り返したことで完全子会社が破綻した事例で，完全親会社が当該完全子会社に対して行った融資等に関して，完全子会社の不正に関する完全親会社の調査が不十分であったことを理由に，完全親会社の取締役の善管注意義務違反を認めた判例

平成26年会社法改正

CORPORATE LAW REVISIONS IN 2014

第2部　会社実務における判例の読み方と平成26年会社法改正の影響

第2章

会社実務における判例の読み方と平成26年会社法改正の影響

講演者

神田秀樹 ——— 東京大学教授

鬼頭季郎 ——— 弁護士(西村あさひ法律事務所)

武井一浩 ——— 弁護士(西村あさひ法律事務所)

野村修也[司会] ——— 中央大学教授・弁護士(森・濱田松本法律事務所)

門口正人 ——— 弁護士(アンダーソン・毛利・友常法律事務所)

Ⅰ．商事判例の読み方——裁判官の視点

野村 ここからは，元裁判官で，著名な商事判例を下されました鬼頭先生，門口先生にご参加いただき，さらには東京大学の神田教授にもご参加いただきます。隣には，基調講演をしていただきました武井先生もいらっしゃいますので，この4名の先生方で基本的にはディスカッションをしていただいて，私はなるべく司会に徹したいと思っています。よろしくお願いします。

　早速，元裁判官で，数々の著名な商事判例を下してこられた鬼頭先生と門口先生に，それぞれ商事判例の読み方について，自己紹介を簡単に含めていただきながら15分ずつぐらいお話を頂戴し，それから神田先生にコメントをいただこうと思います。まずは，鬼頭先生からお話をいただきます。

▶鬼頭先生——自己紹介

鬼頭 元裁判官の鬼頭季郎です。裁判官の経歴の中では，40年のうち17年間が東京高裁ということで，いろいろな事件を取り扱ってきました。会社商事の関係では，大阪地裁の倒産商事部の裁判官をして，会社更生や会社訴訟事件を扱ってきました。東京高裁になってからは，例えば，株主が旧商法272条に基づいて，代表取締役に対して福島第二原発の運転を差し止めよという請求をした事件を担当しました。これについて経営判断の前提として内部・外部の専門家の判断を信頼してよいという判決[1]をしたことがあります。

　最近では，ライブドア対ニッポン放送事件の抗告審の決定[2]をしました。ここで，敵対的買収に対する防衛策について，濫用的な買収者に対する4つの例を挙げて掲げましたけれども，これは短期間に書く決定でしたので，それなりの集中を要しました。10年以前からのアメリカの判例なども含めた勉強をして経験がないと，できないと感じたものでした。

▶裁判官の立場からのアプローチ

鬼頭 まず，裁判官の立場から，判例というのはどういうものかをお話しいたします。判例を作る裁判官からのアプローチというのは，基本的には判決の理由を

書くための参考になる先例として判例を探すというものです。判例の先例拘束として，上告審で判例違反で破られないことを心掛けるためのチェックとしての判例の検討があります。しかしながら，一番大きいのは，先例となっている判例を手掛かりに，新しい法律論の展開を考える。それはなぜかと申しますと，会社法やビジネスの世界では，経済的・社会的環境が大きく変化していますし，社会の法感覚もその分野では変わってきております。

したがって，先例があるからといって，それに則っていくだけでは適正かつ公平な解決には結びつかないということで，新しい判例法理を展開するための手掛かりとして判例を調べることになります。そう言っても，何が判例かを決めるのは，その判例を作った裁判官ではなくて，その判例を読む後の裁判官が，その判例の射程を決めるのだと考えておりました。つまり，いまその判例を取り扱って新しい判決を書こうとしている裁判官が，前の判決の判例は何かということを決める立場にあるのだという理解でおります。

したがって，拘束性という理解はあまりないです。なんとか拘束を免れるための理屈を見出し，事実の違いを見出し，価値観の変化を見出して検討していくのが裁判官の役割です。特に東京高裁のように，世の中の最先端の事例を取り扱う裁判所では，そういう視点でないといけません。最高裁にお伺いを立てて，その判例を待つというような時代ではないということです。最高裁は，むしろ我々が考え出したものについて，事後的に選択してもらうか，あるいはそれでいいという後押しをしてもらい，もし，まずいということであれば，その点を指摘して破棄してもらうというスタンスで我々は対処していました。

判例というものは，そういう立場で勉強しておりました。新しく判例を作ることについて，先例拘束性についてはあまり意識しておりませんでした。

▶民事訴訟の目的・機能に関する考え方と判例の読み方

鬼頭 判例について理解していただきたいのは，例えば会社法の判例を考えるときと，一般の民事事件の判例を考えるときとの違いです。これは当該実体法だけ考えてもらってはだめなのです。一番大事なのは，民事訴訟の目的は何かということです。

これは皆さんもご存じのとおり，通説的な見解は，当事者の権利保護を目的とする制度，権利保護説が通説でしたけれども，特定の当事者間だけの利益調整，あるいは公平な解決であれば，個別事例的な解決として，なおかつ法律の解釈に則って，あるいは新しい法律の解釈がなければ，新しい法命題を作り出して判断していくというやり方を採れるのです。他方，会社法等の分野の会社紛争事件というのは，例えば，株主と会社の争いといっても，実際は当該原告である株主と会社の利害だけを調整すれば済むような事件はほとんどありません。判決は対世効を持っている場合が多いし，1つの損害賠償を認めれば，これが他の取締役や，他の株主の損害賠償にも影響してくる側面があります。

　もう1つ，会社には，非常にたくさんのステイクホルダーがいます。そういう人たちにとって，明確な基準となるルールを作ってあげることが非常に重要になってきます。いわゆる一般の企業人，ビジネスマンの行動原則になりうるルール作りを考えた上での理論づけの判例を出すわけです。その裁判手続では民事訴訟法学の私法秩序維持説に沿う機能が重視されます。例えば株主代表訴訟だとか，あるいは代表取締役・役員に対する損害賠償請求の問題ですけれども，その原告の損害の賠償の問題だけではないということです。いまの会社事件では，損害賠償というのは，課徴金に代わるコーポレート・ガバナンスや，内部統制システムによる，企業の運営が適正に行われるような，法政策的な裏づけを作るため，損害賠償で一種の抑制効果を持たせようという発想でもやっています。被害の回復というよりも，当該ガバナンスを適正にするために，どの程度の損害賠償を認めて抑制効果を持たせたほうがよいかという，そういう視点で損害論が出てきます。

　これを，民法的な不法行為の損害論と同じレベルで考えるとしばしば間違いが起こって，非常に相当因果関係の範囲が広くなってしまいます。例えば大和銀行の事件[3]でも，巨額な賠償で世間を非常に驚かせましたけれども，その代わり，その賠償額について共同不法行為で不真正連帯責任を負わせるにはあまりにも気の毒なものは，監督責任を逆に否定するという形でやらざるを得なかった。でも，いまは内部統制という形で新しい問題が出てきたときには，実はそれぞれの代表取締役あるいは取締役のそれぞれの行為の違法性の程度を考慮し，どの程度

の寄与度で責任を負わせるかということを考えた上で，それぞれの賠償額を差別して考えるような発想が大事になってきています。

　オール・オア・ナッシングで，それから単純に共同不法行為で全額連帯責任ということでは，やはり公平が保てなくなってきているという時代です。現場の裁判官にはそういう意識がありますので，オール・オア・ナッシングではない理屈を考えていく。損害賠償というけれども，私的自治を会社法は非常に広く認めていて，行政的な課徴金による政策目的，会社のコントロールをするというやり方を採らない代わりに，株主や投資家に対する適正な損害賠償を認めることによって，会社の運営というものに違法行為抑制的な効果を与えるという視点で検討せざるを得なくなっているということです。

　したがって，民法の損害賠償論と相当因果関係論を，会社法の事件の損害賠償にそのまま適用してよいかという問題意識は，私どもとしては潜在的に持っておりました。あれは特殊責任だと，あるいは金融商品取引法の損害賠償についても特殊責任だという考え方からいくと，やはり違反性の程度に応じた，違反行為を抑制するに足る程度の損害賠償という政策的な損害賠償論が必要になってくる。そのように考えております。

　私は，『実務に効く M&A・組織再編判例精選』の中で，[17]の有価証券虚偽報告書の虚偽記載の例についての判例を解説しましたけれども，残念ながら最高裁[4]は，虚偽記載と損害賠償について，民法的な相当因果関係論をそのまま持ってきてしまったために，ややおかしな形になっています。東京高裁の3つの判決というのは，実は同じ考え方，想定損害という考え方で，資産状態の結果的な差額説とは違った考え方を採っています。なぜそうなっているかと言うと，そこは虚偽記載によって株主に与える損害の実態をみるよりも，虚偽記載について，株主に対する損害賠償をこの程度認めて，虚偽記載をしないようにするという，法政策的に必要な損害額はいくらなのかという考え方から来ていることが多いのです。

　そういう発想は，金商法の損害賠償の推定規定にも活かされていて，これはアメリカの連邦裁判所の判断とデラウエア州裁判所の判断が食い違っているのと同じように，やはりそこの損害賠償額に対する根本の発想が違うということが，現

場の裁判官においても意識されてきているということです。とりあえずこの辺で。

野村 ありがとうございました。大変示唆に富むお話でした。私どもが一般的に考えている民法的な損害賠償の議論と，会社法の損害賠償の発想はかなり違ってきているというご指摘がありました。例えば損害賠償を求めて代表訴訟を起こしても，取締役に全く資産がなければ意味がないのではないかという議論がかつてありました。そういうときには，代表訴訟却下事由にすべきではないのか，ということを会社法制定のときには議論しましたが，そうはいってもコンプライアンス上その人の責任をきちんと確認していくことが，会社法実務にとって大事だという意見もたくさんあり，それで却下事由から外れたという経緯がありました。

さらに会社法の中には，利益の吐き出しに関連する規律もあって，競業避止義務違反の場合については，取締役が得た利益は会社の損害と推定するという条文があります。これは，競業避止義務違反から通常生ずるであろう損害を推定するといったものではなく，取締役がそれによって「やり得」になったら困るので，取締役が得た利益を吐き出させようといった発想に基づくものと理解できます。そのような会社法に特有な発想が，いろいろな所で裁判例にも現れているのかなという印象を受けました。私は司会に徹し，何も語らないと言ったのですが，ついついコメントしてしまいました。

次は門口先生に，自己紹介と，これまでのご経験を踏まえたご発言をいただきます。

▶門口先生——自己紹介

門口 本日の判例に関するテーマの関係で，経歴を紹介させていただきます。1984年から最高裁判所調査官として，最高裁の判例を作る作業を助けることをやってきました。その後1989年から内閣法制局で法律を作る作業に携わってきました。このときは，最低資本金制度などの商法の一部改正を扱った記憶があります。1997年から，東京地方裁判所の民事第8部，これは商事会社更生部ですが，ここで裁判長として会社関係事件を担当しました。

担当した事件で『判例精選』に掲載されているものは，野村證券の損失補塡事

件[5]，『コーポレート・ガバナンス』第2章【10】の①事件があります。東京高裁では，ベルシステム24事件[6]があります。これは，新株発行差止めの仮処分事件で，『M&A・組織再編』第3章【8】の③事件です。

その他，評釈が出ている事件では，ニッポン放送の株主代表訴訟事件[7]があります。ニッポン放送という親会社が，フジテレビという子会社の株式の上場によって支配権の地位を失うことになったことが，善管注意義務違反かどうかを問われた事件です。それから，ツムラの保証債務事件[8]は，重大な借財かどうかという点が争われた事件です。東京電力不祥事の株主代表訴訟[9]は，従業員の不祥事に対して，会社がどの程度責任を負うかが問われたものですが，後にリスク管理体制構築義務の存否が争われた事案で最高裁の判例[10]が示されました。

▶判例の作られ方

門口 本日は，商事判例の読み方というテーマですが，判例を読む場合の目的もいろいろ，例えば会社において行為規範を定めたり，契約条項を決めるにあたって解釈指針を求めたり，純粋に研究のためということもあるでしょう。いずれの目的のためにも，その前提として判例とか裁判例がどのように作られるか，ということを知っておくのも有益と思われますので，まずはそういうお話をさせていただきます。

商事判例が生まれる過程において，裁判官はどういうことを考えているかという点を2点申し上げます。1つ目はあらゆる訴訟で同じですけれども，個別事案の適正解決で，いわゆる事件の落ち着きを考えて判断することです。これは後ほどの議論になるかもしれませんが，公開会社か，非公開会社かに応じて，事件の落ち着きのさせ方はずいぶん異なってきます。ここで先走るようですけれども，行為規範とか市場ルールをどの程度示すかという場面においても，個別事案の適正な解決という目的の限度で，最小限必要なものを示すことが，司法の抑制的な機能ではないかと考えていました。

2つ目には，鬼頭先生からもお話がありましたが，会社訴訟というのは対世効があったり，あるいはステイクホルダーがいたりするものですから，どうしても事件自体に広がりが出てきますので，「社会的影響」ということが裁判官の頭に

入っていることです。社会的影響という場合に、ポジティブなものとネガティブなものがあります。まずポジティブな面で申しますと、公開会社の場合には特に、市場を監視し、あるいは行為規範を示す意味において、一般的指針を提示する必要がある場合があり、一方、読み手側からいろいろな読み方をされるという意味において、場合によっては意図を超えて一般化されやすいという観点からも、やはり社会的影響は考えておかなければいけないと思っています。

　その場合に、道具としての会社法は、武井先生の講演にもありましたが、どうしても基本法としての性格上、広い概念、例えば不公正な方法とか、多額の借財というような概念が用いられていますから、その中間的な規範として一定の判断基準を示したいという思いがあるということです。これが社会的影響を判断する場合のポジティブな面です。

　注意すべきはネガティブな面です。例えば、会社訴訟というのは非常に専門性の高い訴訟ですが、専門訴訟として最先端を行っている医療訴訟についてみますと、確かに、成果物としていろいろな義務、例えば説明義務とか、転院義務などが明示されて確立してきていることは積極的に評価してよいのでしょう。他方、ネガティブな面では、医療現場を萎縮させたと言われています。2007年にいわゆる医療事故調査委員会設立のための検討会ができたときに、司法に対して非常に厳しい批判がありました。司法判断の方法や精度というものが、医師の士気を削いだり、医療の崩壊を助長したりしているとか、あるいは、医療に対する判断というものは、法文化とは非常にかけ離れている、むしろ経済とか経営に対する判断に近いのではないか、ということが指摘されたのを記憶しています。したがって、経営に関するいろいろな判断、会社法に絡む判断をする場合において、社会的影響として、ネガティブな影響というものについて、我々は謙虚に受け止めなければいけないのではないかと思います。

▶裁判にあたっての制約

門口　いま、裁判官の考えていることを申し上げましたが、次は、裁判例が作られるときに、制約する要素があるということです。そのことについて4つ申し上げます。1つ目は「審理上の制約」、2つ目は「社会文化による制約」、3つ目

は「類型思考による制約」，4つ目は「実証不足による制約」です。こういう制約があるということを裁判をする側においては常に心していますが，このことは裁判例あるいは判例を解釈するにあたっても，気にかけておいてもよいでしょう。

「審理上の制約」にも，「事案による制約」，「当事者による制約」，「当事者主義による制約」，「時間の制約」などいろいろあります。「事案による制約」というのは，事案は非常に多種多様で，判例に適する事案というものは自ずと限られてきます。特に最高裁においては，判例を作るときには判例に適した事案を選別しなければいけないわけです。判例は，まず事案によって制約を受けているということです。

「当事者による制約」については，株主代表訴訟を例にとりますと，ひと頃は当事者本人が訴えるケースが結構ありました。本人訴訟の場合は，主張の補充を促すなど後見的な役割を果たすのですが，それでも然るべき主張などが出てこない場合があります。そうすると，裁判例を作る支障となることがあるわけです。

「審理上の制約」の3つ目の「当事者主義による制約」。民事裁判は，当然ながら当事者から出てきた主張によってしか判断できないということです。いまの裁判は，要件事実審理ということになっていますから，規範的要件と言われる事柄，善管注意義務，不公正発行などの判断にあたり，それを裏づける事実あるいは逆に妨げる事実が当事者から指摘されるわけですが，その指摘事実に事実上制約されることになります。例えば，『コーポレート・ガバナンス』第2章【14】の④事件[11]では「リスク管理体制を構築すべき義務」違反が問われたわけですが，その前提として，組織体制や取引の確認システムなどとともに，架空売上げ計上の異常さなどが指摘，認定されています。判断過程で一定の指標が，例えば善管注意義務違反の場合の経営判断の原則とか，不公正発行の場合の主要目的ルールとか，後ほど問題になるかもしれませんが，信頼の原則とかが示されるわけですが，これは，規範的要件における間接事実として，あくまで当事者の主張あるいは指摘によるものであり，裁判のリーズニング，理由づけといえますので，決してそれは中間命題のような形で独り歩きさせてはいけないということを申し上げておきます。

「時間の制約」です。先ほどベルシステム24の事件を申し上げました[12]。これはいまでも記憶していますが，7月30日に東京地裁の決定[13]が出て，そして新株発行が5日後でしたので，東京高裁に記録が来る前から検討を始めておかなければいけない。このときには8月4日に決定を出したのですが，時間が限られていました。これは武井先生が，弁護士の立場でも同じ面があるとおっしゃっていましたが，事案に応じて多かれ少なかれ時間による制約もあるということをご理解ください。

「社会文化による制約」というのは，いかにグローバリゼーションなどと言われても，まだローカル型経営とか，日本的な契約の締結の仕方もあるわけです。民法の大先生がおっしゃっていますが，西欧では，将来の危険はすべて予防しうるということから，契約書面も完璧なものを作ろうとするが，これに対して，日本の場合は，将来は予見できないという諦めのところから，契約条項も柔軟であることが望ましいと考えると言う。一律には言えないでしょうが，そういう土壌背景があるということも裁判例を作るときに頭に入れておかなければいけないのではと思っています。例えば，住友信託銀行対UFJホールディングスの事件[14]で，独占交渉義務の終了事由について規定がなかったところを，最高裁はあたかも補充するような形で判断したことが挙げられます。

『M&A・組織再編』第1章【1】の①事件[15]は，武井先生からも紹介がありましたが，表明保証について，主観的要件について契約文言に記載されていない場合であっても重過失のときには責任を免れるということを明示しました。裁判するにあたっては，経済合理性だけではなく，社会文化的な要素も考慮に入れざるを得ないという感じがいたします。

もう1つ例を挙げると，カネボウの少数株主損害賠償事件があります。これは『M&A・組織再編』第7章【21】に出ている事件ですが，東京高裁[16]と最高裁[17]の判断は分かれました。東京高裁は，内閣府令について例外規定は厳格に文理解釈をすべきとする原則的立場で判断しましたが，それに対して最高裁は，経済の要請ということでしょうか，あるいは実務の流れを考えた上でしょうか，実質判断をしました。このように，いろいろな場面で，合理的解釈とか，信義則も踏まえた実質判断を迫られる。これも1つの制約だと思います。

185

3つ目の「類型思考による制約」。裁判官が経験を積めば積むほど，専門部であればいっそうですが，事件を容易に類型化できるわけです。これは事件処理のマネジメントとしてある程度必要ですが，それによる落とし穴もあります。先ほど，規範をあまり抽象化して，中間命題のような形で措定することの危険と申し上げましたが，まさにこういう類型思考あるいは判断の固定化に陥りやすいことにつながってくるのだと思うのです。例えば，先ほど鬼頭先生がおっしゃったとおり，敵対的買収事件として一般化して形にあてはめてしまうのは非常に危険だということを戒めとしておかなければいけないと思います。

　4つ目の「実証不足による制約」については，わが国の伝統的な法律学における実証研究の不足について長い間批判されてきていますが，法律や意思の解釈にあたって，この言い分が正しいのだ，いやこちらの解釈こそ正しいのだと言って，実証的裏づけが全然ないままで空中戦をやる。裁判所も，裏づけの乏しいままどちらかの解釈を採らざるを得ないことになる。これではいけない。最近の会社関係訴訟では，意見書が何件も出てくるケースが多いのですが，実証に裏打ちされた意見書でなければ，なかなか裁判所を説得しないと思います。肝心の判例の読み方については，後ほど話させていただきます。

▶神田先生——コメント

野村　ありがとうございました。裁判官になってみなければわからないことをたくさんお話しいただきました。裁判官はこのようにして判決を書いているのだなということが実感でき，中には裁判官のご経験のある方もおられるかもしれませんが，やったことのない者にとっては非常に興味深いお話でした。冒頭には，私どもが授業でいつも使っている著名な判例のご紹介がありました。いずれも重要判例として『判例精選』にも取り上げられていますので，ご紹介のあったものを，ゆっくりと『判例精選』でご確認いただければありがたいと思います。神田先生，いまのお二方の先生のお話を聞いて，先生のご感想を少しいただければと思います。

神田　鬼頭先生と門口先生のお話は，私自身大変勉強させていただきました。とても感想を述べるような能力はないのですが，お話を伺いながら感じたことを2

つに分けて申し上げます。本日会場へお越しの皆様方の中には，法律の専門の方も多数いらっしゃると思います。むしろ皆様方に問題提起をするという観点で2つのことを申し上げます。

まず，非常に雑駁なことで恐縮ですが，会社法，あるいは本日取り上げられているような分野は会社法を超える部分もありますけれども，それについての裁判，民事裁判あるいは裁判例というのは，難しいと考えるべきなのか，まあこういうものだと考えるのかを，他の分野と比較して，あるいは他の国と比較してみたいというのが1つ目です。2つ目は，鬼頭先生と門口先生から教えていただいたことを，私の言葉で整理し直すと，何がポイントだと思うかということで，3つ挙げたいと思います。これは，いまおっしゃっていただいたことを言い換え，あるいは重複して言い直すことになります。

第1の，この分野の判例は難しいのか，こんなものなのかということについては，所詮人間社会の行う仕組みであるわけです。他の分野と比較すると，野村先生は野球の例を挙げられましたので，私はサッカーの例でいきます。サッカーのペナルティエリアで審判が行う，これはペナルティキックを与える反則なのかそうでないのかという判断は，会社法における買収防衛策が適法かどうかの判断とどっちが難しいか。どっちもどっちだというのが私の感じです。つまり，サッカーの判断のほうが易しいとは類型的には言えないと思います。

要するに，何が同じで何が違うかを見極めることが大事だと思うものの，サッカーと民事裁判を比較すると，私がそう思うということで問題提起するのですが，裁判というのは当事者が持ち込むもので，当事者が持ち込んでこない限り裁判例は形成されないという点が一番大きな違いだと思います。サッカーは，当事者が持ち込まなくても，ジャッジはその試合が始まったらその中で反則があれば判定していかなければならないところが，私にとっては一番違う，ということをいまのお話を伺いながら感じた点として問題提起させていただきます。

第2は，横の比較というか，日本以外の国で，私は日本のこともそれほど知らない人間なのですけれども，私が比較的知っているのは5回住んだことのあるアメリカです。デラウエア州の裁判所にも何度か通って，その裁判を何度か傍聴しましたし，そこの裁判官の話も伺いました。そういう意味では比較的知って

いるつもりです。そこで，日本と比較して一番思うのは，鬼頭先生や門口先生がお話しされたことというのは，アメリカでもほとんどあてはまるということです。ほぼ同じお話をアメリカの裁判官から伺いました。

では，アメリカと比べて，日本はどこが違うかというと，いくつかあります。時間の関係もありますので2つだけ挙げます。1つは，日本は1990年代に入る頃まで，上場会社についての会社法に関わる紛争が裁判所に持ち込まれて，そこで裁判例が形成されることは非常に少なかったです。1990年代以降，とりわけ会社法が施行される2005〜2006年あたり以降，上場会社についての紛争が非常に増えて，上場会社についての裁判例が，そういう意味では歴史的にみれば激増しました。

その上場会社についての裁判例を拝見すると，意外と，と言うと失礼なのですが，最高裁で破棄されるケースがあります。これは，日頃授業等をしていて感じることです。その意味は何かということですが，私はいつもこういう言い方をしているのですけれども，上場会社が会社法を使うようになったと，一言で言うとそうではないかと思います。もちろん1980年代まで，会社法が存在していなかったわけではありませんし，上場会社が使っていなかったわけではありません。しかし，別の意味でと言うのでしょうか，会社法が使われるようになって，例えばM&Aをやろうとすると，いろいろ法律問題が出てきた。その紛争解決のために，裁判所に行ったということではないかと思います。

もう1点，アメリカと日本の違う点は，これは野村先生のお話に関係しますけれども，違法な行為が行われた場合に，違法な行為をした人にアメリカは非常に厳しく，厳罰が下ります。しかしその周りにいる人，例えば他の取締役が個人で民事損害賠償責任を負うことは，アメリカではほとんどないと言っていいと思います。その落差が日本以上にアメリカは大きいということです。これは，差として申し上げておきます。

会社法が使われなかったことについてもう1点補足させていただきます。企業を取り巻く法律は会社法だけではありません。鬼頭先生が，金商法の虚偽記載のお話をされました。日本の歴史では，昭和40年代に東証の一部上場会社が粉飾決算で倒産しました。その時にどうだったかというと，金商法は，当時は証券

取引法ですけれども，全く出動しませんでした。会社法というか，当時は商法なのですけれども，商法が出動できるような体制になかったので，昭和49年改正という大改正をして，粉飾決算の再発を防止しましょうということで，公認会計士による監査を，会計監査人と称して，商法上の制度として取り入れて，それを義務づけるために大会社というジャンルまで作ったという，大変大きな改正が昭和49年改正でした。商法が出て行こうと思ったけれども行けないので，行けるようにしようというので大改正をしました。

今日ではどうか。粉飾決算があると，会社法はあまり出動しません。金商法が滅茶苦茶出動します。これは刑事もあれば，課徴金もあります。また，鬼頭先生がお話しになった虚偽記載があれば，民事の損害賠償責任の訴訟が必ずと言っていいほど起きます。この時代の変化は何なのだろうかということは，会社法，金商法，関係する法律の役割分担の観点から大変興味のあるところです。いま申し上げましたのは，アメリカとの比較での，日本の，歴史的にみると特徴のある点です。

時間を使いすぎましたので，両先生がおっしゃったことを，私なりに整理して，重要と思う点を3点申し上げます。1点目は個別紛争の社会に与える影響という点です。個別紛争の解決というのが，当然のことながらそれが裁判の目的ではありますけれども，それが企業社会，あるいは一般的に市場に与える影響は何かということが非常に意識されているというご指摘が，私も非常に勉強になりました。

非常に難しいと思うのは，個別紛争の解決としてはある規範が望ましいけれども，その規範が一般的な行為規範・社会規範になった場合には，社会あるいは企業社会，あるいはより広く市場一般に予想外の影響を与えるのではないかと思うときにどうするのだろうかというのが悩みです。これは金融分野などでもあると思いますけれども，医療のお話が出ました。金融経済あるいは企業分野ではそういうことがままありうると思います。今後この問題は永遠の課題かと思います。ただ，アメリカでも全く同じ話を裁判官からよく聞きます。

2点目は言葉の限界というか，これはどちらかと言うと武井先生と野村先生のお話にありましたが，おそらく判例を読むときに，日本語の限界というのでしょ

うか，そういうことがあるように感じます。例えば経営判断という言葉がありますけれども，それはそのときに具体的にされた判断が経営判断ならば青色の世界，そうでなければ赤色の世界というのではなくて，どういう文脈において，どういうプロセスを経て，どういう判断がされたかということだと思います。単に経営判断原則といっても，そこを非常に気をつけなければいけなくて，裁判で行われている作業というのは，事案での具体的な判断における裁量の幅です。裁量の幅を，普通よりは広く認めるかどうかということだと思います。そういうものを経営判断という言葉で呼ぶのがいいかどうか。

　それから，信頼の原則という言葉もよく使われますけれども，これも何か信頼の原則の適用がある世界はこっちで，なければこっちということではなくて，どういうプロセスにおいて，何を，誰が信頼したのかというところが大事です。信頼とか経営判断という言葉は抽象的すぎ，意味を正しく示していないようにも思います。ですけれども，そうかといってより適切な言葉もない。おそらく善管注意義務とか，法律上はそういう概念がたくさんあるのですが，言葉に気をつける必要があることを改めて感じました。

　3点目は，門口先生が最後におっしゃったことで，裁判というのは種々の制約の中で行われるということです。しかもその制約要因というのは，個々のケースによって違うということだと思います。すべての民事裁判に共通の制約要因もあるかもしれませんけれども，先ほど挙げられた仮処分の事件等は時間は数日しかありません。そうではない一般の訴訟事件であればもう少しあるわけです。しかし，いずれにしても情報と時間，その他の先ほど詳しくお話がありました制約要因の中でされる判断です。当然のことながらすべての事実が裁判所に持ち込まれるわけではありません。当事者主義の下で，あたり前のことだと言ってしまえばそれまでなのですけれども，後から裁判例を読むときには，やはりどういう制約の中で具体的な判決なり決定が出されたかということが，意外と重要だと感じました。

Ⅱ．親会社取締役の子会社管理責任

野村 ありがとうございました。アメリカとの比較を通じて，非常に高尚な観点からご指摘をいただきました。私どもが基調講演をしてきたこと，さらには両先生の，元裁判官のお立場からのお話を，全体的にきちんとまとめていただきましたので，ただいまの神田先生のお話を踏まえて，残りの時間は個別テーマについてディスカッションさせていただきます。時間の関係もありますので，2つのテーマについてこれから議論していきます。

1つ目は本日の共通テーマになっている，取締役の責任，善管注意義務違反を議論するときに，どのような思考プロセスでその責任が負わされていくのかを，個別事例を使って考えてみたいと思います。本日は，会社法の改正とも絡めてという話で，私のほうで問題提起をさせていただきましたが，子会社で不祥事が起こった際に，親会社の取締役の責任が代表訴訟で追及された場合，どのような責任が発生してくるのか，裁判所が判決を下す際の着眼点を少し掘り下げて議論したいと思います。先ほど神田先生からは，アメリカでは実際に悪いことをした人には厳しいけれども，そうでない人については比較的責任が軽い，というお話がありました。他方で日本の場合には，内部統制システムの議論とか，そういう話も盛んにされています。鬼頭先生からは，1つひとつの違法性をしっかりみていかなければいけないというお話もありましたので，本日はそのあたりを1つ目のテーマにさせていただきます。

2つ目のテーマは，本日は様々なところで出てきたのですが，公開会社に関する裁判例と，非公開会社に関する裁判例は，同じ事件でもずいぶんと違った扱いになっていると思うのです。そうした会社の性質の違いが判例に与える影響を取り上げさせていただければと思います。神田先生からは，『華麗なる一族』のテーマにもなりました，ある特定の粉飾決算の事件を挙げていただきました。当時は，そういう大企業の問題が裁判所に持ち込まれるのはめずらしく，むしろ立法によって解決される傾向があったのに対し，裁判所のほうは非公開会社の内部紛争を取り扱ってきた傾向があったかと思います。他方で，会社法ができてからは，上場企業も含め，たくさんの事件が裁判所に持ち込まれて判断されていると

いう背景事情を踏まえながら，このテーマを，2つ目の議論の材料にさせていただければと考えております。

まずは，子会社の取締役に対する，親会社取締役の監督責任について，武井先生から問題状況を整理していただいて，それからそれぞれの先生方にいろいろと議論していただければと思います。

▶問題状況

武井 1点目のグループ会社における内部統制，今回の会社法の改正ですと企業集団内部統制とも言われていますが，先ほどの神田先生のお話だと，その企業集団内部統制という言葉は実は何も語っていないと言いましょうか，それでは答えが出ないということだと思うのですが，今回の会社法の改正で，最後，裁判所にまで行ったときに，善管注意義務がどのように解釈されるのかが注目される分野だと思います。

たくさん子会社があって，孫会社もある。最近は海外の子会社も大変増えております。数年前の税制の改正で，ただの製造拠点ではなく機能性の子会社が増えています。

『コーポレート・ガバナンス』の[13]の②事件，野村證券の東京地判平成13・1・25[18]が著名で，親会社が何か積極的に子会社に対して指示をしていない以上，親会社の役員は別に善管注意義務違反にはならないのではないかという裁判例ですが，これも射程をどこまでとするかという話でもあります。先ほどの鬼頭先生のお話からすると，裁判例の射程はその後の裁判官が決めるわけですが，それがある意味，法制審でこの判例について議論がされ，親会社役員の子会社に対する管理責任，善管注意義務の中身が裁判所に行ったらどうなるのだろうかということで，企業側の関心もかなり高い状況です。

あと，M&Aのほうからも，子会社化するというときに，その会社を子会社化していいのだろうかと。買う段階でのデューディリジェンスで，買うだけの管理ができるのかという視点も出てきます。最近アメリカとかですと，海外公務員の贈収賄規定が厳しくて，贈収賄が買収後に判明したときに買った会社も責任が問われるとなっているのです。

親会社として，法人格の違う子会社ということで割り切れていたいままでの関係は何らか変わると思います。親会社の役員がどういう善管注意義務になるのかということは，これからの企業の組織のあり方，根本に関わる，社会として大きな影響があると思います。それだけに善管注意義務の解釈に係る裁判官の目線について教えていただけましたら幸いです。

▶解釈・判断の方向性

野村 いま，非常に要領よくまとめていただきまして，問題状況については共通認識を持てたと思いますので，早速ですが鬼頭先生，いかがですか。こういった親会社取締役の子会社管理責任というのは，今後どのように考えていけばいいのかということをご示唆いただければと思います。

鬼頭 『コーポレート・ガバナンス』の［13］で取り上げられている，いま武井先生が取り上げた東京地裁の判決[19]は，親会社の取締役は，特段の事情がない限り，業務執行の結果子会社に損害賠償が生じ，親会社に損害を与えた場合でも，直ちに親会社に対して任務懈怠の責任を負うものではないと言っております。これは親会社としては，本来会社法上できるのは，支配株主として，株主総会を通じて子会社の人事権に介入するというコントロールの方法しかないのです。ところが，現実の親会社，子会社の経営というのは，株主総会における人事権のコントロールを超えて，具体的な業務の中で子会社の業務について指図したり，あるいは支配したりするということが行われているから，親会社の責任が問題になっている。

そうすると，なぜ，指図している，あるいは子会社の意思決定を支配しているというときは，親会社に責任が生ずる，あるいは親会社の取締役に責任が生ずるかというと，指図している，支配しているという法律関係から，何か義務違反が構築されるということでないと法的な説明にならないわけです。実は今度の会社法の改正で規定は設けられたのだけれども，親会社，子会社に対して，どういう手段で管理せよと言っているのか，具体的な規定がないのです。そうすると，そこについて今後，裁判例では非常に混乱が生じるだろうと思われるわけです。基本的には親会社は株主として有限責任を負うだけでいたいのがあたり前なのです

が，それを否定する立法なものですから，逆に言うと法律家としては，それをどう法律的に，合理的に説明するかというのが非常に難しい。これは神田先生をはじめ，会社法の先生方がどう説明するのか，非常に楽しみにしているわけですが，将来の問題として，事例としてはそんなに多くないと言っても非常に難しい。

　もう1つ，グローバルな観点で言うと，親会社が子会社について，監督しようがしまいが，親会社が責任を負わせられる事例が増えてきている。例えばECで子会社がカルテル等の行為をすれば，ECは100％，親会社に直接課徴金を課するような処分をする。そうすると，子会社の行為が直接，親会社に損害を与えるというスキームができているところでは，監督責任はもう従前の説明ではつかない。ほとんど株主責任に近い理屈だと言って，我々はECの考え方を批判的というか，おかしな理屈だと思ってみているのです。

　もう1つは海外で汚職に関連したときに，アメリカなどでは親会社についても制裁を課するような取扱いが始まろうとしている。だとすると，子会社が海外で贈賄をやったときには，親会社にストレートに制裁がかぶってくるからには，親会社自らそれを防ぐ手立てを講じなければいけない。そうすると，親会社の子会社に対する監督権はそういう分野では非常に強いものになって，株主有限責任ということ，あるいは株主総会を通じた人事権の発動によって監督するということでは足りないわけで，これからはそこのところをどう説明するか。親会社は子会社を手足として使って利益を上げているわけですから，従前の民法的な考え方から言えば，利益のあるところには損害賠償責任も生ずるという発想，無過失責任のような発想，そういう発想で説明するのか，あるいは親会社と子会社は道具として使っているから，両者の関係は支配している道具として使っているということから言うと，一種の共同不法行為者みたいな関係だというようにみて，連帯責任を負わせるとか，そういう説明になってくるだろうと思いますが，これは将来，裁判官がどのような説明でそこを合理的に説明するか，まだわかりません。でも，そこの説明の仕方については，注目すべき必要があろうと思います。

野村　先ほど武井先生からもお話がありましたが，いまご指摘がありましたように，後半の部分で必要性が非常に明確になってきたと思います。ただ，前半の部

分で，会社内部であれば，例えばこのときは取締役会を招集しようと思えばできたのに，やらなかったことが問題ではないかとか，会社法上，監査役に報告する義務が書いてあるのに，やらなかったではないかと，具体的な行為規範があるからやらなかったことをあてはめやすいということがありますが，いまの議論ですと，ざっくりと企業内部統制システム，先ほど出てきた企業集団における内部統制の構築や運用が悪かったというそれ１本で，本当に責任を負わせられるのかといった問題提起があったかとは思います。架空の話ですが，仮に鬼頭先生と門口先生が加わっておられる裁判体がもしあったら，これは黄金の裁判体だと思いますが，さて隣にお座りの門口先生，いかがでしょうか。

門口 これは確か法制審でも議論が分かれたところだと思います。現行法のままで足りるというご意見もあったように思います。会社法の建前としては，企業体責任としての考えには踏み切っていないとみられますから，支配株主としての会社自体の責任とそれを担う経営者の責任，親子間の個別の取引における法人としての契約責任とそれに関わる経営者の責任が問われるのでしょうが，裁判においては，おそらくいままでの枠内で判断することになると思います。どういうことかと言いますと，そもそも当該子会社の成立に至る事情，子会社の経営者の選任解任の権限行使の事情，親会社の会社としての意思決定の状況，リスク管理等の規程の策定状況，親子間の経営管理規程の存否などを総合判断して，親子の関係の程度の密接性，子会社の自主性の程度を評価した上で，親会社の管理責任による経営者責任の有無というアプローチをとるのではないかと思います。ただ，総合判断するにあたっては，企業集団としての内部統制体制の法定や多重株主代表訴訟の制定などの考え方が影響してくるものと思われます。

野村 私は法制審で議論していたよりは，意外に従来の判例の延長線上で議論される感じがするという印象を受けました。神田先生はどのようにお聞きになりましたか。

神田 まず，問題設定から。よくこの企業グループの話というのは上から下，下から上と言うのですが，ここではいま，上から下という親会社の子会社管理責任というか，子会社の管理が問題になっているということですね。つまり，問題の状況は，いわゆる下から上というのは，子会社に少数株主がいて，親会社がい

て，子会社がグループの利益になる取引をした場合に少数株主が害されていいのだろうかという問題であるのに対して，ここでの問題は，上から下と言って，親会社が子会社管理を怠ると，親会社に損害が出て，親会社の株主がそれでいいのかという，親会社の株主が一般的に害されるという話ですね。

　3点，できるだけ手短に申し上げます。第1点は，会社法はこの点について，直接義務とか責任などに関する規範を明文で提供していないのですね。もちろん内部統制がありますし，情報開示の面では連結計算書類制度とか，間接的な制度はあるのですが，誰が誰に対して，どういう要件の下で，どういう義務を負って責任を負うのかという点は，一般の会社のルールだけでやっているのが日本の法の特徴だというのが第1点です。

　2点目ですが，子会社の使われ方というか，経済実態というのは，独占禁止法の持株会社が解禁された後，15年ぐらい，もうちょっと経っていますかね，やはり非常に違うということが重要かと思います。すなわち，例えば大手の銀行のケースで言えば，昔は大手銀行が上場会社だったわけですが，その大手の銀行がそのまま銀行業務をやりながら，100％子会社になっているのです。その上の100％親会社である持株会社が上場されています。そういう場合には，実際のオペレーションというか，事業の実際のウエイトというのは，ほとんどが子会社がやっていて，親会社は何もしていないと言うと失礼ですが，いわゆる純粋持株会社になっているわけです。

　この経済実態は，親子会社の使い方として法律上認められているわけですが，経済実態からすれば親会社と子会社とは一心同体ではないかと。したがって，学界での議論も大きく分ければ一心同体説と別々説に分かれています。親子一心同体とみる，あるいは別々にみることによって，当然のことですが，親会社の取締役が義務を負う相手，これは現在の会社法では親会社になっているわけですが，一心同体になれば両方になりますし，子会社に生じた損害イコール即親会社の損害だという場合でも，一心同体説なら当然そうなのですが，そうでない場合には子会社株式の評価損であると。そういう話に結びついていきます。物事の考え方としては，実際の親子会社の使われ方に即して一心同体説と別々説をどのように考えていくのかということになろうかと思います。

3点目は，問題となる取引の類型です。一番典型的な類型は，親子会社間取引といって，親会社が子会社に対して物を売ったり買ったり，より高く売ったり，高く買わせたりと。これは一方の得，他方の損なので，グループ全体でみるか，子会社単体でみるのかという話はあるのですが，主として下から上で問題になる文脈で，上から下ではあまり問題になりません。

　第2の類型は，子会社が困っていて，これを助ける。その結果，親会社も損した，親会社の株主が「なんで助けたんだ，子でなければ助けてなかったでしょう」という類型です。この手の救済だけが問題となる事例はそれなりに存在すると思います。この話は親子なので，子は親の言うことをあまり聞かないけれども，やはり困ったときには親は助けたくなるのが人情というものです。一般的におそらくどこの国でもそうなのですが，助けるものについては比較的緩やかに考えている。つまり，親会社の取締役の裁量を比較的広く認めているという傾向にあると言っていいと思います。

　第3の類型は以上のもの以外です。実はこれが一番難しくて，先ほどご紹介があった事件は全部この類型に入るもので，救済の面がある事例でもそれ以外の要素も含まれている例が多いように感じます。この類型に入るものについては，先ほど言いました会社の使われ方，そして一心同体なのか別々なのかというあたりを判断することになるわけですが，いずれにしても会社法上，直接の行為規範はありませんので，先ほどの鬼頭先生のお言葉によれば，裁判所による法創造機能というものが今後，発揮されていくのではないかと思います。

野村　非常にクリアにお話しいただきましたので，私がまとめる必要はないかと思いますが，武井さん，どうですか。

武井　2点ほどあるのですが，1点目は先ほど門口先生のおっしゃった医療訴訟の，まさに裁判の社会に与える影響です。医療現場の萎縮の話をされていましたが，それと似たことを起こさないような裁判規範が求められるということがあります。

　どういうことかと言いますと，子会社で起きた事案であっても，世間は結局グループ全体の責任と言いますので，真面目な企業集団ほど子会社のことを親が把握しようとするようになる傾向が出てきます。真面目な会社はどんどん知りえよ

うと，知る領域をどんどん増やすと。でも真面目にやっている企業さんほど，知ったのだから親が責任をとりなさいとなってしまうと，何も知らない方のほうが責任を問われないのではないかと逆に振れてしまうような効果が起きるのではないか，それはそれで良くないということです。真面目に親が情報収集をしていくことによって，逆に責任が重くなるという流れになるような裁判例は作ってほしくないというのが1点目です。

　2点目が，親が何か責任を負うとしたら，当然そのことを親として防止できたからこそ，責任が発生するのだと。要するに作為義務が何らかあって責任が発生するのだと思いますが，親の作為義務を考えるときに親の守備位置についても整理しておく必要があると思います。先ほどセンターの話をされていましたが，子会社という現場そのもの，投手なり内野手みたいな人がいて，親というのはある意味，外野守備なわけです。非業務執行役員的なと言いましょうか，業務執行の現場にいないという意味では，親も非業務執行役員だと。そのときになぜ親の守備が必要かというと，子の現場では防げない，広い意味で利益相反があるときこそ，親が利益相反解消のために出番があると整理できるように思います。確かに親は子の経営陣に対する選解任権がある外野手ですが，それがどこまでの作為義務を導き出すものなのか。子がやることを何でも親が全部やって連帯責任になるよりは，親の作為義務という義務の解釈の観点から，親でないと防げない利益相反事項という観点も1つ切り口としてあるかなと思っていますという，以上の2点です。

野村　どうですか。鬼頭先生，いまの話を聞いて何かご意見はございますか。仮に，ご自分が現役の裁判官だったとして，まさにこうした事件が裁判所に持ち込まれた場合，いまみたいな整理で大丈夫でしょうか。

鬼頭　いま，武井先生が言われたように，やはり親ができるから責任を負うと。できる法的な権限というのは，一体どう説明するのかということです。実際，経済的に，社会的な実態として，親ができることはできるのです。支配して，いろいろ指図したりしてできる。だけど，その指図とか支配というのは，法的にどういう関係なのだと。一種の委託，あるいは委任の関係，子会社を親会社に管理してほしいという委任をしているというように，無理に説明するのかどうか。これ

は親子一体という考え方，神田先生の説明で，一体として行動しているという考え方がやはり一番素直だろうと思うのですが，それだと親会社と子会社は別会社という法制度をとったことの意味，有限責任の会社制度をとったことの意味をどう説明するのかというのが苦しくなってくるのです。

野村 いま，まさに非常に重要なご指摘をいただいたのですが，門口先生のご感想を一言いただいて，このテーマをまとめたいと思います。

門口 内閣法制局で法案の策定作業をしているときに感じたことですが，多様な状況が想定される場合で固定した理念型を規定することが困難であるときに，特定の理念を規定することを断念して解釈に委ねるということが往々ありました。親子会社関係における理念として，企業体理念に踏み切るか単体理念を貫くかということは多様な状況を前にするとなかなか決めかねると思います。裁判においても同様で，個別的事案の解決にあたって最も心を配るべきことは，社会の実態を把握した上で，当該事案の位置づけを間違わないようにすることに尽きるとよく言っているわけですが，親子会社の関係について申し上げますと，そもそも子会社の形成のあり方からして種々あって，それに伴いその後の親子の関わりの態様も様々で，しかもグループ管理規程などの内部統制システムのあり方もいろいろあるでしょうから，繰り返しになりますが，当該親子会社の諸事情をきめ細かく認定して，それによって，個別の妥当性を探していくという旧来型の判断に落ち着くことになるのではないかと思います。これでは，現時点では内部管理規程の策定ひとつをとってみても，何をどこまですべきか全くあいまいであると批判されるでしょうが，子会社のあり方からして多様ですから責任の有無の基準を規範として一律に定めることこそ困難といえるのではないでしょうか。むしろそれぞれの会社の事情をきっちり把握して柔軟に対処することが求められていると考えるのが妥当ではないでしょうか。

野村 実は今日このテーマを取り扱ったのは，私も申し上げたのですが，法制審では，はっきりと東京地方裁判所の示していた裁判例[20]を取り上げて，これを否定するためには法律の条文の中に内部統制についてきちっと書き込む必要があるということが，議論されたからです。そのため，これからは東京地裁とは異なった判断枠組みが出てくるのではないかと，そういう発想が生まれてきている

わけですが，裁判官のご経験のある先生のお二方から出てきたお答えは，意外にも，これまでの裁判例の延長線上で，きちっと個別的な違法性を認定すべきだというものでした。無理難題を親会社の取締役に要求するような，乱暴な議論はしないという感じがちょっと印象的だったような感じがいたします。

III．公開会社，非公開会社の別による判例の読み方

野村 時間が押してきてはいるのですが，先ほどもう1つテーマを設定させていただきましたので，公開会社，非公開会社の別によって，裁判例の読み方を変えていく必要があるのかどうか。このあたりについて，まず神田先生から一言おまとめいただければと思います。

神田 これは先ほどからご指摘のあったとおりだと思います。つまり，公開会社の場合は，個別紛争の解決という1つの民事裁判でも，それが企業社会，あるいはより広く資本市場・株式市場，場合によっては金融市場に与える影響があるので，利害関係者の数も多いということですし，実際，対世効という効力が用意されているような判決という制度もあるわけですから，そういうことを勘案して判断されているということであり，他方，非公開会社については，個別紛争の解決ということに重点があり，かつ伝統的に言われてきたことだと思いますが，紛争の実態というのは，例えば相続争いであったりするものが，法的な論点としては会社法上の法律問題として出てきているというギャップを十分見極める必要があるということに尽きるのではないかと思います。

野村 いかがでしょうか。鬼頭先生のほうから，公開会社，非公開会社の関係で，何かコメントをいただけますでしょうか。

鬼頭 冒頭に私のほうから申し上げましたとおり，公開会社は日本企業，あるいは世界企業を問わず，経済を動かす大きな力ですので，これをどう統制するかという問題は，実は株主・会社間だけの問題ではなくて，極めて公益的な性格を持った議論であるということです。したがって，裁判においてでも，企業コントロールとして公益的政策視点からどうあるべきかという，そこから出発しないと，良い法律論が出てこないだろうと考えます。

非公開会社の場合は，私どもが昔やっていたのはほとんど親族の相続争いのときに起こってくる会社紛争事案です。名義株をどうするかとか，あるいは長男と次男で親の企業を相続したときに，どちらがヘゲモニーを持つかという争いです。でも，そこで我々が考えているのは，どちらが経営したらうまくいくかということも含めて判断するわけですが，基本的には相続問題です。だけど，相続問題だけの視点で解決したのでは，実は非公開会社といえども従業員がいて，それぞれがどちらの経営者についているかという，小さい企業の中でも一種の党派性というのか，分派性が出てきているので，そこをどう解決するかは非常に難しい問題が含まれています。そこで，我々はやはり誠心誠意，いろいろ将来の企業のあり方，あるいは企業承継のあり方という視点からも，大部分は時間はかかりましたが，和解で終わらせるという努力をやっていました。法的に一刀両断というのは非常に難しい事件が多かったです。

門口　一言申し上げますが，やはり公開会社には，各種規制等を通じて共通事項が多く，非公開会社になりますと，個別性が高くなるということは一般的に言えます。その意味でも，公開会社のほうにこそ一般ルールを示しやすい。したがって，公開会社の場合はどうしても展望型，非公開会社の場合は回顧型の解決を目指すことになると思うのです。

　先ほどのグループ管理の関係でもそうなのですが，最終段階になったので申し上げておきますが，裁判所の中では，判例と言う場合は最高裁の判例しかないわけでして，下級裁の場合は裁判例という言葉で区別しています。さらに，強い判例と弱い判例という言葉が使われることがありますが，先ほどのグループ会社の親会社責任の問題も，事例を積み重ねて，同種判断が重ねられて次第に強い判例が生まれて規範性を獲得していくことになると思うのです。したがって，最高裁が理論判例として出すのは，かなり遅れると思うのです。それまでにもう少し下級審で「お前たち頑張ってみろ」という形で事例を重ねてきて，そして強い判例になって，初めて最高裁が判例化する。しかも，たとえ理論判例として示す場合であっても，「特段の事情のない限り」といった留保を置いて，事例の積み重ねによってより精緻化できるのを待つということもあります。最高裁調査官の経験を振り返っても，この事案で一般判例，理論判例を示すのは難しい，もう少し社

会の動向をみようということがあったことを思い出します。

　もう1つ，判例の関係で申し上げますと，判例の拘束性というのは，いま申し上げましたように最高裁の判例しかないのであって，そのうち法規範性のあるものは理論判例で，場合判例もこれに準ずるもので規範性は高いといえます。それでは下級審の裁判例がどういう意味があるかと言いますと，指導原理的機能とか，参考規範的機能があると思うのです。例えば私の関与した事件で，東京電力の株主代表訴訟[21]で，従業員が裏金作りをして追徴課税を受けたときに，会社の監督指導の懈怠が問われたものですが，会社においては，どのような事柄においてどのような仕組みをどの程度用意しておくべきかということが示されているわけですから，参考事例として行為規範化するということは可能ですので，規範的なツールとして使わなければいけない。一方では，経営判断原則というレベルで規範化することは避けなければならないのは，経営を萎縮させることがないように前提の要件事情が示されているのですから，そのメッセージを読み解いてそちらの面では限定的に解釈する。したがって，最後の総括的なお話になって恐縮ですが，一般化する場合の事例と判示されている事情をよく見極めていただきたい，そのように思います。先ほどの「信頼の原則」にしても，『コーポレート・ガバナンス』第2章【11】の③の長銀初島事件の裁判例[22]などは，規範化することには注意しなければならない典型例だと思います。

野村　武井さん，これはかなりお得な情報ですよね。普段，裁判官からどうやって判決を書いているかという本音の話を聞くことは，まずないわけです。武井さんも盛んにメモされていますが，これでもう絶対に勝てるのではないかという気がしてきましたので，明日からきっと商売のネタにできるのではないかと思いますが，武井さん，いまの点について一言どうですか。

武井　企業集団の話と公開・非公開を並べると，少なくとも上場会社に関する事例で，社会に与える影響を考えた上での判例が出てこないと，前段の企業内部統制の裁判所の考え方はまだ見えてこないということかと思いました。

野村　メモされたことを全然言わなかったですね。お互い商売のネタはとっておくとしまして，時間の関係もありますので，そろそろまとめということで，この第2のテーマについて，少しいまの議論を踏まえて神田先生におまとめいただ

ければ大変助かるのですが，いかがでしょうか。

神田 公開会社と非公開会社というのは，全然違うと言えば違うのだと私も思います。しかし，あえて最後に振られましたので申し上げますと，これは親子の関係にも関係すると思いますが，結局，株式会社という仕組みをどう使うかということだと思うのです。株式会社という仕組みの使い方について，会社法というルールがあるわけで，そのルールを解釈し適用するのが裁判所であるわけなのです。したがって，結局行き着くところは株式会社という仕組みは何なのだろうかということになって，それが公開会社であり大規模な会社の場合には，経済実態として先ほどの鬼頭先生の言葉で言えば，私益を超えた公益的な配慮というか，統制ということをおっしゃいましたが，そういうことがいわば社会的に要請されているのに対して，非公開会社ではそういう要請はない。他方において，個々のそこに関わる人々の，それが相続争いであったり，事業の承継であったり，そういうものについての不満なり内紛なり，それが株式会社という仕組みを使っているがために会社法上の法律問題として裁判所に持ち込まれるということではないかと思います。結局，株式会社という仕組みを使うのは私ども人間なわけであり，それについてルールを作り，それに従って紛争を解決するのも私ども人間だということなのですが，そういった謎は奥が深いなと思います。

野村 非常によくまとめていただきまして，ありがとうございます。司会の不手際で，前半のテーマを少し熱く話し合いましたので，後半のほうは一言ずつご示唆をいただいたという形で終わることになってしまいました。私個人としては，公開会社の判例をお書きになるときに，その判決が与える社会的影響を相当程度意識されているのだなということが印象深かったです。どちらかと言うと個別事案の解決を重視しているのかなと思っていましたので，鬼頭先生や門口先生のお話はとても新鮮でした。

それから，神田先生からもちょっとお話がありましたが，かつては非公開会社の裁判例ばかりが積み上がっていましたので，学界でも実務でも，そこに関心が集中していた感がありました。手前味噌で恐縮ですが，20年ぐらい前に私が私法学会で報告したときは，非公開会社の内部紛争の解決策に関する報告だったのですが，その当時はまだ相当数の先生方が集まってくださいまして，皆さんが関

心を持って聞いてくださったという記憶があるのですが，ずいぶん時代が変わったという感じはしています。ただ，そのときもほとんどの事件は家事紛争でした。先ほど鬼頭先生からもお話がありましたが，もともとは株主総会の決議を攻撃するつもりなどなかった事件なのですが，家族や相続の問題の絡みの中で，会社を巻き込んで議論するという時代があったとは思うのです。

これらの部分をどう解決するかという問題なのですが，例えば今回の会社法の改正で特別支配株主による売渡請求という制度が導入されたわけですね。これはスクイーズアウトの制度で，法制審でも，公開会社を念頭に置いて議論が進められました。現在の実務では，税制上の理由から，略式組織再編を用いてキャッシュアウトするのではなく，全部取得条項付種類株式を使ったスキームを利用しているわけですが，それを税制上問題がないような形で，手続的に簡素でクリアな形にしようといった議論なのですが，実は，この制度は非公開会社も適用できるという仕組みになっているのです。そうしますと，90％以上の株式を持っている人は，正当事由も何もなくても，数の論理だけで少数派株主から株式を強制的に買い取れることになるわけですが，それが果たして非公開会社の内部紛争の解決策として望ましいのかといった問題が生じます。また国会の審議の過程で出てきましたように，特定支配株主による株式の取得と対価の支払とが同時履行になっていなくても大丈夫なのかといった議論が，具体的な紛争を通じて現れてくることもあると思うのです。まさに主として公開会社を念頭に置いて作った新しい制度が，場合によっては非公開会社の新しい紛争を生むということもあるわけです。その意味で，今回の会社法改正は必ずしも大会社だけの問題ではなく，非公開会社にも影響を及ぼすかもしれないということを最後に一言だけ付け加えて，今日のシンポジウムのまとめにさせていただければと思います。長い時間，ご清聴いただきまして本当にありがとうございました。本来ならば，皆さん方と一緒にディスカッションをする時間を設けるべきでしたが，会場と時間の都合でこのような形で終わらせていただきますことをお許しください。最後までおつきあいいただきまして，ありがとうございました。

判例一覧

1) 東京高判平成 11・3・25 判時 1686 号 33 頁。
2) 東京高決平成 17・3・23 判時 1899 号 56 頁。
3) 大阪地判平成 12・9・20 判時 1721 号 3 頁。
4) 最判平成 23・9・13 民集 65 巻 6 号 2511 頁。
5) 最判平成 12・7・7 民集 54 巻 6 号 1767 頁。
6) 東京高決平成 16・8・4 金判 1201 号 4 頁。
7) 東京地判平成 10・9・24 判時 1665 号 119 頁。
8) 東京地判平成 9・3・17 判時 1605 号 141 頁。
9) 東京地判平成 11・3・4 判タ 1017 号 215 頁。
10) 最判平成 21・7・9 判時 2055 号 147 頁。
11) 前掲注 10)。
12) 前掲注 6)。
13) 東京地決平成 16・7・30 判時 1874 号 143 頁。
14) 最決平成 16・8・30 民集 58 巻 6 号 1763 頁。
15) 東京地判平成 18・1・17 判時 1920 号 136 頁。
16) 東京高判平成 20・7・9 民集 64 巻 7 号 1912 頁。
17) 最判平成 22・10・22 民集 64 巻 7 号 1843 頁。
18) 東京地判平成 13・1・25 判時 1760 号 144 頁。
19) 前掲注 18)。
20) 前掲注 18)。
21) 前掲注 9)。
22) 東京地判平成 14・4・25 判時 1793 号 140 頁。

条文索引

会社法

2条3号	16
2条3号の2	16,32
2条4号	16,46
2条4号の2	16,32,46
2条11号の2	35
2条12号	20,35,114
2条15号	16,18,104
2条15号イ	34
2条15号ロ	34
2条15号ハ	32
2条15号ニ	32
2条15号ホ	32,34
2条16号	104
2条16号イ	34
2条16号ロ	34
2条16号ハ	33
2条16号ニ	33
2条16号ホ	33
21条	71
23条の2	7,114
36条	49,52
37条	40
52条1項	23
52条の2	8
52条の2第1項	23,50,51
52条の2第1項2号括弧書	51
52条の2第2項	16,23,50,51
52条の2第2項ただし書	50
52条の2第4項	50
52条の2第5項	51
55条	50
63条3項	49,51,52
102条3項	8,50
102条4項	8,51
102条の2	8,50
102条の2第1項	23
102条の2第2項	50
103条2項	8,16,23,50
103条2項ただし書	50
103条3項	8,50
108条1項7号	74
113条3項	114
116条	114
116条7項	96
117条3項	96
120条	109
120条4項	169
124条1項	60
130条1項	60
130条2項	60
171条	74,83
171条1項	74,87
171条の2	7,86,114
171条の2第1項	16
171条の3	7,81,86,91
172条	82
172条1項	87
172条2項	87
172条3項	87
173条の2	86
173条の2第1項	16
179条	7,17,90,113
179条1項	75,81
179条1項ただし書	75
179条2項	74,75,113
179条3項	76

179条3項ただし書	113	180条4項	30
179条の2	7,76,90	182条の2	7,85
179条の2第1項1号	76	182条の2第1項柱書括弧書	85
179条の2第1項2号	76	182条の3	7,81,85,91
179条の2第1項3号	76	182条の4	7,24,82,85
179条の2第1項4号	76	182条の5	7,82,85
179条の2第1項5号	76	182条の6	7,85
179条の2第1項6号	17,76	182条の6第1項	17
179条の2第2項	76	199条2項	47
179条の2第3項	76	199条3項	30,40
179条の3	7,17,80,90	201条1項	40
179条の3第1項	76,77,79,80	202条	46,53
179条の3第3項	77	205条	44
179条の3第4項	77	205条1項	44
179条の4	7,90	206条2号	44
179条の4第1項	79	206条の2	7,9,44〜46,90,109
179条の4第2項	79	206条の2第1項	18,45
179条の5	7,79,90	206条の2第1項柱書本文	46
179条の5第1項	79	206条の2第1項柱書ただし書	46
179条の5第1項4号	17,79	206条の2第2項	46
179条の6	7,78,90	206条の2第3項	46
179条の7	7,90	206条の2第4項	47
179条の7第1項	81	206条の2第4項ただし書	47
179条の7第1項1号	81	206条の2第5項	47
179条の7第1項3号	83	208条5項	49,51,52
179条の7第2項	82	209条2項	8,50
179条の8	7,82,83,90	209条3項	8,51
179条の9	7,90	212条1項2号	23
179条の9第1項	80	213条	169
179条の9第2項	80	213条1項	23
179条の10	7,80,90	213条の2	8,50
179条の10第1項	80	213条の2第1項	23
180条	114	213条の2第2項	50
180条2項1号	84		

207

213条の3	8
213条の3第1項	16,23,50
213条の3第1項ただし書	50
213条の3第2項	50
234条	86
235条	85
236条1項4号	55
238条1項7号	75,113
238条2項	47
238条3項	40
240条1項	40
241条	46
244条の2	45,46,109
244条の2第1項	18,44,46
244条の2第1項柱書本文	46
244条の2第1項柱書ただし書	46
244条の2第2項	18,45
244条の2第3項	46
244条の2第4項	46
244条の2第5項	47
244条の2第5項ただし書	47
244条の2第6項	47
246条1項	51
278条1項3号	55
279条2項	55,109
279条3項	55,109
281条	51
282条2項	8
282条3項	8
285条1項3号	23
286条	169
286条1項	23
286条の2	8,51
286条の2第1項	23

286条の3	8,51
286条の3第1項	16,23
295条2項	40
309条2項3号	74
309条2項5号	47
309条2項6号	47
309条2項11号	7,9,69
314条	28～30
326条2項	6,101
327条の2	6,16,27～31,103,166
328条1項	6
329条2項	36
330条	77
331条6項	6,36
332条3項	38
342条の2第1項	6
342条の2第4項	6,37
344条	7,19,38,108
344条の2第1項	6
344条の2第2項	6
348条3項4号	7,19,172
355条	77
361条2項	36
361条5項	6
361条6項	6,37
362条2項	68
362条4項	38,67
362条4項3号	34
362条4項6号	7,19,66,67,110,172
362条5項	67,106
371条5項	61
399条	39
399条の2	19,23
399条の2第3項1号	6

399条の13第5項	38	469条7項	96
399条の13第6項	38	470条	7
416条1項1号ホ	7,67,172	470条3項	96
423条	169,171	470条5項	98
423条1項	30	470条6項	98
423条2項	169	759条2項	7
423条3項	37,169	759条4項	7,113
423条4項	37	759条5項	7,113
425条	13,105,109	759条6項	7,113
425条3項	106	759条7項	7,113
426条	13,105	761条4項	113
427条	13,105	761条5項	113
427条1項	7,34	761条6項	113
427条2項	8	761条7項	113
427条3項	106	764条2項	7
428条	169	764条4項	7,113
429条	62,160,169	764条5項	7,113
429条1項	77,78	764条6項	7,113
433条3項	61	764条7項	7,113
462条	169	766条4項	113
464条1項	24	766条5項	113
467条	72	766条6項	113
467条1項1号	72	766条7項	113
467条1項2号	72	784条1項	74
467条1項2号の2	7,9,69,70,72,90,111	784条の2	7,22,81,91,113
467条1項2号の2イ	70	784条の2柱書ただし書	99
467条1項2号の2ロ	70	784条の2第2号	81,91
469条	7	785条	85
469条1項	69	785条2項2号	113
469条1項2号	99,113	785条2項2号括弧書	99
469条2項2号	113	785条3項括弧書	99
469条2項2号括弧書	99	785条7項	96
469条3項括弧書	99	786条	85
		786条3項	96

786条4項	98	828条1項11号	82,95
786条5項	98	828条1項12号	82,95
786条6項	98	831条1項	88
788条5項	98	831条1項1号	30
788条6項	98	831条1項3号	81,83,92〜94
792条	113	846条の2	7,82
796条の2	7,81,91,113	846条の2第1項	82,84
796条の2柱書ただし書	99	846条の3	7,82
796条の2第2号	81,91	846条の4	7,82
797条1項	99	846条の5	7,82
797条1項ただし書	113	846条の6	7,82
797条2項2号	113	846条の7	7,82
797条2項2号括弧書	99	846条の8	7,82
797条3項括弧書	99	846条の9	7,82
797条7項	96	847条	171
798条3項	96	847条1項	50,60
798条5項	98	847条の2	22,65,66,111
798条6項	98	847条の2第1項2号	66
805条の2	7,81,91,113	847条の3	7,20,22,58,63,109
805条の2ただし書	99	847条の3第1項	59,60,64
806条7項	96	847条の3第1項2号	61〜63
807条3項	96	847条の3第2項	59
807条5項	98	847条の3第4項	59
812条	113	847条の3第8項	60,64
828条1項1号	82	847条の3第10項	64
828条1項2号	82	849条1項	64
828条1項3号	82	849条2項	64
828条1項4号	82	849条3項1号	64
828条1項5号	82	849条3項2号	64
828条1項6号	82	849条3項3号	64
828条1項7号	82,95	851条	65,66
828条1項8号	82,95	851条1項2号	66
828条1項9号	82,95	911条3項12号ロ	55
828条1項10号	82,95	911条3項17号イ	113

911条3項18号 ………………… 105
911条3項25号 ………………… 8,106

平成26年改正前会社法

113条 ……………………………… 40
113条4項 ………………………… 40
116条6項 ………………………… 96
117条3項 ………………………… 96
125条3項3号 …………………… 113
172条1項 ………………………… 87
279条2項 ………………………… 54
469条6項 ………………………… 96
470条3項 ………………………… 96
470条5項 ………………………… 97
784条2項 ………………………… 91
785条6項 ………………………… 96
786条3項 ………………………… 96
786条5項括弧書 ………………… 97
796条2項 ………………………… 91
797条6項 ………………………… 96
798条3項 ………………………… 96
798条5項 ………………………… 97
806条6項 ………………………… 96
807条3項 ………………………… 96
807条5項括弧書 ………………… 97
831条1項 ………………………… 87
911条3項25号 …………………… 105,106
911条3項26号 …………………… 105,106

会社法の一部を改正する法律（平成26年法律第90号）

附則3条1項 ……………………… 114
附則3条2項 ……………………… 114

附則4条 …………………………… 104,105
附則10条 …………………………… 87
附則11条 …………………………… 86
附則15条 …………………………… 108
附則21条2項 ……………………… 111
附則21条3項 ……………………… 109
附則22条1項 ……………………… 113
附則22条2項 ……………………… 106
附則25条 …………………………… 31

会社法施行規則

2条3項5号 ……………………… 16,104
2条3項5号ロ …………………… 105
2条3項7号 ……………………… 16
2条3項8号 ……………………… 16
2条3項19号 ……………………… 16
3条 ………………………………… 16
3条の2 …………………………… 16,46
7条の2 …………………………… 16
16条3項3号 ……………………… 20
18条2項 …………………………… 20
18条の2 …………………………… 16
21条 ………………………………… 16
25条 ………………………………… 22
33条の2 …………………………… 17,86
33条の2第1項1号 ……………… 86
33条の2第1項2号 ……………… 86
33条の2第2項1号 ……………… 86
33条の2第2項2号 ……………… 86
33条の2第2項3号 ……………… 86
33条の2第2項4号 ……………… 17,86
33条の2第3項 …………………… 86
33条の3 …………………………… 17,86
33条の4 …………………………… 75

211

33条の5	17	100条	110
33条の5第1項	76	100条1項	19
33条の5第1項1号	17,80	100条1項5号	66,67
33条の7	17,79	100条3項	19,106
33条の7第1号	17	103条	22
33条の7第2号	17	108条	22
33条の8	17,80	110条の3	19
33条の9	17,85	110条の4	19
33条の9第1号イ	85	111条	20
33条の9第1号ロ	17,85	111条3項5号	20
33条の10	17,85	112条	20
42条の2	18	112条2項5号	67
42条の3	46	118条2号	20,26,107,161,171
46条の2	16	118条4号	20
55条の2	18	118条5号	20,26,112
55条の3	18,45	121条10号イ	21
55条の4	46	121条10号ロ	21
62条の2	16	124条	105
74条	105	124条2項	6,21,25,29
74条3項	18,25	124条3項	6,21,29
74条4項	18	126条2号	21
74条の2	29,105,154	126条4号	108
74条の2第1項	6,18	128条3項	20,112
74条の2第2項	18	129条1項5号	171
74条の2第3項	6,19	129条1項6号	112
76条	105	130条2項2号	171
76条4項	104	131条1項2号	171
77条3号	19	133条3項	21
94条1項	21	133条7項	22
94条3項	22	182条4項3号	22
98条1項	19	184条	17,22
98条1項柱書	19	189条2号イ	22,96
98条1項5号	7	189条3号イ	96
98条4項	19	190条	17,22

190条2号イ	96
190条3号イ	96
217条	22
218条	22
218条の2	22
218条の4	22
218条の5	22
218条の7	22

平成27年改正前会社法施行規則

98条	160
98条1項5号	7
100条	160
100条1項5号	7,66,67
112条	160
112条2項5号	7,67

会社計算規則

2条	24
21条	23
76条	24
93条	24
94条	24
96条2項	24
96条7項	24
96条8項	24
102条	24
112条1項ただし書	20
113条	24
117条4号	20
125条	23
128条の2	23
130条	23
133条4項	23
133条8項	23
159条10号	24

会社法施行規則等の一部を改正する省令（平成27年法務省令第6号）

附則1条	15
附則2条1項	25
附則2条2項	25
附則2条3項	25
附則2条4項	25
附則2条5項	25
附則2条6項本文	25
附則2条6項ただし書	25
附則2条7項	26
附則2条8項	26
附則3条1項	26
附則3条2項	26

平成17年改正前商法

192条	49
272条	177
280条ノ13	49

平成11年改正商法

263条4項	58
274条の3	58
282条3項	58

金融商品取引法

4条1項	46
4条2項	46
4条3項	46
24条1項	6

社債, 株式等の振替に関する法律

133条の2	113
147条4項	60
154条	60
155条	97
155条1項	97
155条3項	97
161条2項	46, 79

民法

93条ただし書	165
541条	84
644条	77
709条	77

法人税法

62条の9	74

発行者以外の者による株券等の公開買付けの開示に関する内閣府令

13条1項7号	76

東京証券取引所有価証券上場規程

436条の2	31
445条の4	9, 31, 168

判例索引

最高裁判所

最判昭和 38・12・6 民集 17 巻 12 号 1633 頁	48
最大判昭和 40・9・22 民集 19 巻 6 号 1600 頁	71,72
最判平成 5・9・9 民集 47 巻 7 号 4814 頁	174
最判平成 5・12・16 民集 47 巻 10 号 5423 頁	95
最判平成 9・1・28 民集 51 巻 1 号 71 頁	49,95
最判平成 10・7・17 判時 1653 号 143 頁	95
最判平成 12・7・7 民集 54 巻 6 号 1767 頁	182,205
最決平成 13・1・30 民集 55 巻 1 号 30 頁	65
最決平成 16・8・30 民集 58 巻 6 号 1763 頁	185,205
最判平成 18・4・10 民集 60 巻 4 号 1273 頁	171
最決平成 20・2・12 判例集未登載	170
最判平成 21・3・10 民集 63 巻 3 号 361 頁	161,173
最判平成 21・7・9 判時 2055 号 147 頁	172,182,184,205
最判平成 22・7・15 判時 2091 号 90 頁	170
最判平成 22・10・22 民集 64 巻 7 号 1843 頁	185,205
最判平成 23・9・13 民集 65 巻 6 号 2511 頁	180,205

高等裁判所

東京高判平成 11・3・25 判時 1686 号 33 頁	177,205
東京高決平成 16・8・4 金判 1201 号 4 頁	182,185,205
東京高判平成 17・1・19 判例集未登載	172
東京高決平成 17・3・23 判時 1899 号 56 頁	177,205
大阪高判平成 18・6・9 判時 1979 号 115 頁	170,172
東京高判平成 20・5・21 判タ 1281 号 274 頁	172
東京高判平成 20・6・19 金判 1321 号 42 頁	172
東京高判平成 20・7・9 民集 64 巻 7 号 1912 頁	185,205
東京高判平成 22・7・7 判時 2095 号 128 頁	87
福岡高判平成 24・4・13 金判 1399 号 24 頁	68,174
東京高判平成 25・4・17 判時 2190 号 96 頁	78

地方裁判所

東京地判平成 9・3・17 判時 1605 号 141 頁	182,205

東京地判平成 10・9・24 判時 1665 号 119 頁 ……………………………………… 182,205
東京地判平成 11・3・4 判夕 1017 号 215 頁 ………………………… 172,182,202,205
大阪地判平成 12・9・20 判時 1721 号 3 頁 ……………………………… 172,179,205
東京地判平成 13・1・25 判時 1760 号 144 頁 ……………… 14,68,161,192,193,199,205
東京地判平成 14・4・25 判時 1793 号 140 頁 ……………………………………… 202,205
大阪地判平成 15・9・24 判時 1848 号 134 頁 ……………………………………………… 14
東京地判平成 16・5・20 判時 1871 号 125 頁 ……………………………………………… 172
東京地決平成 16・7・30 判時 1874 号 143 頁 ……………………………………… 185,205
東京地判平成 16・12・16 判時 1888 号 3 頁 ……………………………………………… 172
大阪地判平成 16・12・22 判時 1892 号 108 頁 …………………………………………… 172
東京地判平成 17・2・10 判時 1887 号 135 頁 ……………………………………………… 172
東京地判平成 18・1・17 判時 1920 号 136 頁 ……………………………………… 185,205
東京地判平成 19・9・27 判時 1992 号 134 頁 ………………………………………………… 65
東京地判平成 19・11・26 判時 1998 号 41 頁 ……………………………………………… 172
東京地判平成 21・10・22 判時 2064 号 139 頁 …………………………………………… 172
東京地判平成 22・9・6 判夕 1334 号 117 頁 ………………………………………………… 83
福岡地判平成 23・1・26 金判 1367 号 41 頁 …………………………………………… 14,68
東京地判平成 23・9・29 判時 2138 号 134 頁 ………………………………………………… 78
東京地判平成 23・11・24 判時 2153 号 109 頁 ……………………………………………… 14
大阪地判平成 24・6・29 判夕 1390 号 309 頁 ………………………………………………… 83

平成26年会社法改正
―― 会社実務における影響と判例の読み方

CORPORATE LAW REVISIONS IN 2014
—IMPACT ON PRACTICE AND
UNDERSTANDING COURT CASES

YUHIKAKU

2015年5月30日　初版第1刷発行　　デザイン　　北田進吾（キタダデザイン）
印刷　　株式会社暁印刷
製本　　牧製本印刷株式会社
©2015, Iwahara Shinsaku, Kanda Hideki,
Nomura Shuya. Printed in Japan
落丁・乱丁本はお取り替えいたします。
ISBN 978-4-641-13714-1

編者　岩原紳作・神田秀樹・野村修也
発行者　江草貞治
発行所　株式会社 有斐閣
　　　　〒101-0051　東京都千代田区
　　　　神田神保町2-17
電話　03-3264-1311（編集）
　　　03-3265-6811（営業）
http://www.yuhikaku.co.jp/

JCOPY

本書の無断複写（コピー）は、著作権法上での例外を除き、禁じられています。複写される場合は、そのつど事前に、(社)出版者著作権管理機構（電話 03-3513-6969, FAX03-3513-6979, e-mail:info@jcopy.or.jp）の許諾を得てください。